EL ZODÍACO TRANSFORMADOR

GUÍA PRÁCTICA PARA EL USO DE LAS ENERGÍAS ZODIACALES EN TU TRANSFORMACIÓN PERSONAL

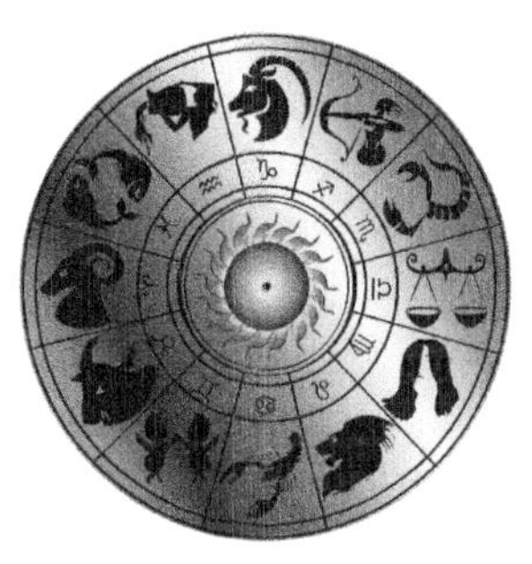

MARGARITA LAY ALZAMORA

El Zodíaco Transformador
Cómo aprovechar las energías de cada mes zodiacal para lograr tu Transformación Personal
por *Margarita Lay Alzamora*

Edición en español: 2024
Impreso en España por: Podiprint
Web: *http://editorialdagon.es*
E-mail: *jrubio@editorialdagon.es*

ISBN: 978-84-19540-76-8
Depósito Legal: V-2675-2024

Comentario Preliminar: El propósito de este libro es informar y educar. Ni la autora ni el editor tendrán compromiso, ni responsabilidad con alguna persona o entidad, con respecto a alguna pérdida o daño, causado directa o indirectamente, por la información contenida en este libro.

CONTENIDO

Introducción 9
Aries 15
Tauro 31
Géminis 47
Cáncer 67
Leo 85
Virgo 105
Libra 123
Escorpio 141
Sagitario 159
Capricornio 177
Acuario 193
Piscis 211
Comentarios Finales 229
Sobre la Autora y el Centro Nina Pukio 230

INTRODUCCIÓN

Querido(a) compañero(a) en el Sendero:

Recorrer el camino de la evolución personal es un trabajo arduo y complejo, y muchas veces sentimos que nos faltan herramientas para alcanzar con éxito las metas parciales que nos permitan lograr éxito y bienestar en la vida, y finalmente nos lleven hacia el logro ulterior de la sabiduría.

Por este motivo, y en nuestro deseo de apoyarte en todo aquello que necesites para avanzar en tu Sendero, desde hace más de 20 años venimos poniendo a tu disposición nuestra experiencia en asesoría de vida con una orientación alternativa, espiritual y esotérica, basados en más de 40 años de experiencia y estudio de los Misterios de la Antigua Enseñanza.

Como producto de este deseo, con mucha alegría ponemos hoy a tu disposición esta nueva edición, corregida y compendiada, de nuestra Guía de Psico-Astrológica Práctica para tu desarrollo integral. Con esta obra, «EL ZODÍACO TRANSFORMADOR», más que un libro, tienes en tus manos un Cuaderno de Trabajo personal basado en las energías zodiacales mensuales para que apliques diversas herramientas que esperamos te ayuden a consolidar las cualidades y virtudes que los signos del zodiaco te ofrecen mes a mes.

Las oportunidades y retos que se presentan durante cada mes NO están dirigidas únicamente a las personas nacidas bajo ese signo zodiacal, sino que están disponibles para todos, de modo que podamos lograr un proceso de integración de la personalidad, desarrollando y asimilando las virtudes y energías de los doce signos. Al utilizar las herramientas de este Cuaderno, podrás aprovechar dichas energías entrantes durante cada mes astrológico, trabajar de manera personal sobre cada tema y desarrollar cualidades que podrás aplicar en tu vida diaria y en tu proceso individual para alcanzar mayor crecimiento, mayor armonía y éxito sostenido en tu vida.

Esperamos que este Cuaderno de Trabajo te resulte de mucha utilidad, te agradecemos por el interés y la confianza que nos brindas, y te enviamos todos nuestros mejores deseos para que tu Sendero se vea colmado de bienestar, éxito y Paz interior.

¡Bendiciones luminosas para ti!

CÓMO UTILIZAR ESTE CUADERNO DE TRABAJO

Este Cuaderno de Trabajo contiene información de utilidad, ejercicios, meditaciones, rituales y temas de reflexión para desarrollar y consolidar las energías y cualidades referidas a cada signo zodiacal. Como mencionamos anteriormente, las energías entrantes no están dirigidas únicamente a las personas nacidas bajo el signo astrológico del mes en cuestión, sino a todas aquellas que deseen complementar su proceso de avance personal, aprendiendo a conocer y desarrollar las características, cualidades y virtudes disponibles. Si bien nacemos con un mandato específico otorgado por nuestro signo solar, es indispensable que podamos aprender a manifestar las virtudes de todos los signos para lograr un equilibrio y un verdadero progreso en nuestra vida. Si un pintor desea pintar un hermoso cuadro, puede utilizar un tono de base, como el rojo o el azul, para darle cierta energía a dicho cuadro, pero necesitará de todos los demás colores para lograr una obra maestra. De lo contrario, su cuadro será únicamente monocromático. De la misma manera, el utilizar los «colores» de los diferentes signos del zodíaco te brindará una paleta de cualidades y energías multipropósito para embellecer tu creación, tu plenitud de vida.

La información presentada para cada mes zodiacal te brindará datos de interés para que puedas reflexionar y decidir en qué momentos te resulta de utilidad ponerla en práctica. Es posible que, al involucrarte con estas vibraciones, ¡encuentres que en cada mes se presenten en tu vida situaciones y retos referidos a la aplicación de las cualidades del signo correspondiente a ese momento! Y si desarrollas los ejercicios, meditaciones y rituales que te presentamos, respondes a las preguntas que te planteamos y profundizas en las secciones con tus respuestas o comentarios personales, tu proceso se verá beneficiado y el Cuaderno de Trabajo habrá cumplido con su función de manera completa.

Para aprovechar al máximo este proceso transformador, te sugerimos que tengas a la mano un diario o cuaderno privado en el que vayas anotando tus respuestas, apreciaciones, comentarios, hallazgos, y todo aquello que vaya surgiendo mientras desarrollas el trabajo. Llevar un cuaderno o diario espiritual es, además, muy útil para que puedas ir evaluando tu progreso y puedas tener a la mano todas las reflexiones que el Zodíaco Transformador te genera, lo cual permitirá que tu experiencia pueda ser completa e integradora.

Un punto importante que debes considerar es que la descripción de características y cualidades que se detallan más adelante no están referidas a personas específicas sino a energías zodiacales. Es decir, al hablar de las características de Aries, por ejemplo, no estamos afirmando que todas las personas nacidas bajo este signo «son de esa manera» (es decir, que manifiestan todas las condiciones) sino que la constelación de Aries confiere la posibilidad de manifestar dichas características, especialmente durante el período del mes zodiacal que corresponde. Dependerá de que cada persona, sea nativa de Aries o no, aproveche las energías o las deje pasar.

Por favor recuerda que la información contenida en este Cuaderno de Trabajo es brindada con fines de aprendizaje y enseñanza, y NO reemplaza a la terapia psicológica, psicoterapéutica o psiquiátrica ofrecida por profesionales de la salud en caso ésta fuera necesaria. Toma nuestro material como lo que es: una guía espiritual para tu progreso personal dirigida a tu despertar de consciencia.

Esperamos que el material ofrecido te ayude a avanzar en tu Sendero de evolución personal y para cualquier consulta que pueda surgir en tu estudio, no dudes en escribirnos a: centroninapukio@gmail.com. Con mucho gusto te ayudaremos a resolver cualquier pregunta que puedas tener, y, en caso lo consideres de utilidad, te podemos ofrecer nuestras sesiones individuales de Mentoría de Vida y Coaching Espiritual para encontrar conjuntamente las respuestas necesarias.

¡Gracias por tu preferencia y muchas bendiciones de luz para ti!

Consideraciones adicionales:

Para cada signo zodiacal te daremos un resumen de características que puedes aprovechar (en el caso de sus cualidades) y que te conviene evitar (en el caso de sus debilidades), especialmente en el mes que corresponda. Los inicios y finalizaciones de cada mes zodiacal varían de año en año en pequeña medida (horas o un día), dependiendo del momento en el que el Sol ingresa a cada signo, pero te ofrecemos fechas «promedio» que te pueden servir de guía. En todo caso, ten en cuenta que las energías van ingresando poco a poco: la energía previa se va debilitando mientras que la energía del nuevo signo va haciendo su ingreso cada vez con más claridad. Por ello, en los «días límite» entre signo y signo es posible que se manifiesten las características, tanto del signo saliente como las del ingresante.

Agregamos también la cualidad esotérica de cada signo, así como los aprendizajes para el período, meditaciones, rituales y ejercicios sugeridos para aprovechar estos aprendizajes y favorecer la asimilación de cualidades zodiacales. Adicionalmente, incluimos una lectura referida a un enfoque esotérico de cada signo que esperamos te sirva de inspiración para tus meditaciones personales.

Te invitamos a vivir mes a mes las energías del Zodíaco Transformador y a avanzar en tu sendero de evolución consciente con esta guía preparada muy especialmente para ti.

1

ARIES: ESFUERZO Y VOLUNTAD DE INICIAR

21 marzo – 19 abril

RESUMEN DE CARACTERÍSTICAS

El mes de Aries te trae la manifestación de las siguientes energías:

Palabras clave: Inicio, reto, aventura, exploración, atrevimiento, valor, competición, acción, agresividad, espontaneidad, descubrimiento, creatividad. Afirmación, propósito.

- ¿Cuáles de estas energías necesitas desarrollar para mejorar tu situación personal? ¿Por qué?

Cualidades a aprovechar: Espíritu aventurero e iniciador; emprendedor, valeroso, directo en su trato; muy enérgico, rechaza las restricciones y ama la libertad.

Debilidades a trabajar: Egoísta; tendencia a ponerse siempre en primer lugar; brusco, impulsivo, agresivo; satírico, «fosforito», impaciente: lo quiere todo YA.

Para que una debilidad desaparezca, lo conveniente es hacer crecer la cualidad contraria. Si tratas de «matar» la debilidad, le darás mayor vida. Si «la dejas morir» y te dedicas a hacer crecer la cualidad contraria, el cambio será más sencillo. ¿Qué debilidades de Aries encuentras en tus actitudes que te convendría eliminar? ¿Cuál es la cualidad contraria que puedes utilizar para este propósito?

- Debilidad: ....
- Cualidad a consolidar: ....

Elemento: Fuego – símbolo de energía, acción y creatividad

Qué tomar de Aries: La energía Ariana representa el fuego cardinal. Sabe cómo iniciar la acción, cómo esforzarse y trabajar hacia la expansión de sus metas. Le es difícil esperar para poner en práctica lo que tiene en la mente. Por lo tanto, la paciencia es un aprendizaje muy importante para Aries.

¿En qué áreas de mi vida necesito desarrollar más paciencia? ¿Con mi familia, mi pareja, mis hijos, mis compañeros de trabajo? ¿Qué acciones puedo tomar en este mes para encaminarme hacia ese objetivo?

- Área: ....
- Acción: ....

CUALIDAD ESOTÉRICA: ESFUERZO

Cada signo zodiacal cuenta con una cualidad esotérica que, al desarrollarla, facilita la asimilación de las energías de la constelación. En el caso de Aries, la cualidad es el ESFUERZO.

Aries inicia el nuevo período del zodíaco y se requiere de gran esfuerzo para emprender cosas nuevas. El esfuerzo no implica sufrimiento o dolor, pero sí dedicación para romper la inercia y continuar avanzando hacia el objetivo. No te des por vencido(a) ante los retos, termina todo lo que comiences y no abandones lo que ya está encaminado. Date cuenta de que puedes avanzar un poquito más cada día para alcanzar mayores alturas. Aprovecha las oportunidades que te da la vida para cultivar el esfuerzo y poder escalar paso a paso, y con firmeza, hacia la cima de la montaña de tu consciencia, desde donde verás el panorama con otros ojos.

Para este mes, elige una cualidad personal de las enumeradas en la sección «Cualidades a aprovechar» (arriba) y un evento específico (ejm. resolver un conflicto con un compañero de trabajo, mejorar la comunicación con tu pareja o hijos, lograr mayor pulcritud en la limpieza de tu hogar, etc.) para los cuales aplicarás el esfuerzo con el fin de alcanzar la cualidad y resolver exitosamente el evento. Monitorea tu progreso semana a semana hasta completar el mes, para que luego continúes desarrollando el esfuerzo hacia el futuro.

- Cualidad: ....
- Resultado: ....
- Evento: ....
- Resultado: ....

APRENDIZAJES PARA ARIES

Qué es lo que la energía de Aries te pide aprender:

- Cómo ser un pensador independiente y una persona que pone en acción lo que piensa.

- Cómo dar instrucciones, desplegando energía de tal manera que no te veas como alguien «mandón» y dominante.
- Cómo disentir con otros sin comprometer tus convicciones y opiniones, y sin pelear.
- Cómo ser una persona para quien la responsabilidad es un honor y no una carga.
- Cómo ser optimista y resuelto(a), y a la vez, involucrarte lo suficiente para lograr el objetivo a tu manera.
- Cómo canalizar el deseo innato de competitividad sin dejar de lado a los demás.
- Cómo equilibrar un enfoque lleno de voluntad con relación a tus metas, con la paciencia necesaria para que éstas den frutos.
- Aries está aprendiendo a ESFORZARSE hacia los objetivos y abrir camino.

Revisa los aprendizajes enumerados arriba y evalúa cuántas de estas condiciones ya estás trabajando, y cuáles necesitas trabajar aún.

- En desarrollo: ....
- Necesitas trabajar más: ....
- ¿Qué harás en los próximos días para acercarte más a las metas de aprendizaje?

MEDITACIÓN SUGERIDA PARA LOGRAR LA CONFIANZA DE ARIES

Si quieres liberarte de temores irracionales que contaminan tu mente, tómate unos minutos al día para crear la imagen de confianza que deseas. Para ello:

- Efectúa unas cuantas respiraciones profundas y lentas para lograr un estado de relajación.
- Visualízate en la situación que te puede generar temor (puede ser un examen que debes rendir, una entrevista de trabajo, hablar en público o interactuar con personas que te generan conflicto, por ejemplo).
- En tu imagen mental, obsérvate a ti mismo(a) con una actitud calmada, y con capacidad exitosa de lograr lo que deseas. Obsérvate exitoso(a), logrando el objetivo y siente que la imagen es verdadera, que está sucediendo.
- Pronuncia internamente o en voz alta (como prefieras): «He llegado a donde deseo porque soy fuerte y tengo la capacidad de superar cualquier reto que se presente. He logrado esto en el pasado en varias ocasiones. Me siento seguro(a) y disfruto de esta situación».
- Regresa del estado meditativo con tranquilidad con la seguridad de que tus actitudes responden ahora a la confianza de Aries.
- Para concretar finalmente los resultados, actúa en todo momento «como si fueras» esa persona

segura de sí misma, y eventualmente te convertirás en ella.

1. ¿Qué dificultades has encontrado en el desarrollo de la meditación?
2. ¿Qué creencias o temores pueden estar influyendo en estas dificultades y de qué manera puedes superar estas creencias?

RITUAL ZODIACAL PARA NUEVOS INICIOS

Aries es el primer signo de la rueda zodiacal y te da la energía y el impulso para iniciar cosas nuevas, nuevos períodos y etapas que se inician. Para facilitarte el empezar algo nuevo, pon en práctica el siguiente ritual:

Apertura:
Pronuncia la intención que tengas para tu ritual; manifiesta lo que deseas iniciar. Para ello, puedes utilizar los temas de la sección previa «Aprendizajes para Aries».

Haz participar a los elementos naturales en tu ceremonia:

- enciende una vela para hacer participar al fuego,

- saborea una taza de té o de alguna bebida de tu gusto para mover las energías del agua,
- si tienes un jardín cercano, descálzate y siente la tierra bajo tus pies, o toca la tierra de alguna maceta que tengas en casa para llamar las energías de la tierra, y
- toma tres profundas y restauradoras respiraciones para trabajar con la vibración del aire.

Desarrollo:
Siéntate en silencio, o si prefieres, muévete al compás de alguna melodía de tu elección que refleje tu estado de ánimo. Reflexiona sobre el viaje que vas a emprender y responde a las siguientes preguntas:

- ¿Qué te trajo a este momento?
- ¿Qué aspiras para el futuro?
- ¿Cuáles son tus aspiraciones?

Hazte consciente de los sentimientos que afloren.

Selecciona un símbolo que represente este nuevo comienzo. Los símbolos pueden incluir, entre otros:

1. semillas representando una nueva vida que emerge,
2. una roca simbolizando fortaleza,
3. una flor mostrando la belleza de este nuevo comienzo,

4. una mariposa que encarna el viaje que estás iniciando,
5. cualquier otro símbolo que represente para ti los inicios.

Mantén este símbolo contigo o en tus artículos personales (tu agenda, tu billetera, tu bolso, tu celular), y obsérvalo cada vez que necesites un empuje energético para avanzar en el proceso de adaptación de la nueva etapa.

Cierre:

- Pronuncia una invocación, oración o poema que sea especial para ti. Pronuncia tu intención para este nuevo comienzo, manifestando en palabras aquello que estás por iniciar.
- Visualízate estando ya en la situación que estás iniciando, y siéntete exitoso(a) en esta nueva etapa.
- Agradece por el éxito que vas a lograr y por el apoyo espiritual que estás recibiendo para alcanzarlo.

- ¿Qué sentimientos te produce realizar este ritual?
- ¿Por qué elegiste el símbolo utilizado y qué representa para ti?

MEDITACIÓN ESTELAR

INTRODUCCIÓN para todas las meditaciones estelares de los doce meses zodiacales:

- Busca un momento de tranquilidad, y siéntate en una silla cómoda colocando ambos pies sobre el suelo, o recuéstate sobre tu cama o sobre una manta en el suelo. Respira rítmica y profundamente, pero de manera natural, permitiendo que tu respiración te relaje física, emocional y mentalmente.
- Visualízate en un lugar natural para iniciar el proceso: puede ser un prado, un bosque, la playa, las montañas, o cualquier otro lugar, real o imaginario, en donde te sientas en paz.
- Pide la protección de tu Ángel Solar , tus ángeles o tus guías espirituales, para que te guíen y acompañen en el proceso.
- Imagina luego algún medio para subir a los planos superiores. Éste puede ser una escalera, escalones que ascienden, un árbol muy alto, un ascensor, o simplemente puedes imaginar que vuelas hacia lo alto.
- Continúa con la meditación específica del signo.

***Meditación para Aries*:**

- Sube hacia los planos superiores y llega hasta la constelación de Aries. Toma nota de cualquier cosa, símbolo o imagen que veas en el camino.
- En la constelación hay una estrella brillante que te llama y te acercas a ella. En su centro encuentras a un guerrero quien tiene por compañía a un carnero, el símbolo de Aries.
- El guerrero está sentado en posición de meditación y te invita a acercarte, y a hacerle las preguntas que desees con relación a la energía y a las cualidades de esta constelación y cómo utilizarlas de la mejor manera en tu vida.

1. Pregúntale cómo Aries puede ayudarte a crecer en el(las) área(s) en las que sientas que necesitas una mejora. Tómate unos momentos para estar en su presencia. ¿Qué te responde?
2. Pregúntale cómo puede ayudarte y respaldarte Aries en tu crecimiento personal. ¿Qué te responde?
3. Pregúntale en qué situaciones podrías ser menos reactivo(a) e impulsivo(a) y en qué situaciones necesitarías mayor iniciativa y empuje.
   Menos impulsividad: ....
   Más iniciativa: ....
4. ¿Qué otras preguntas le harías?
5. ¿Qué te responde?

Finalmente, agradécele por su apoyo y consejos, y regresa al lugar en la naturaleza de donde partiste a través del medio por el cual llegaste a la constelación. Toma tres respiraciones profundas y abre tus ojos con suavidad. Anota en tu cuaderno o tu diario espiritual todo aquello que hayas observado y toda la información que hayas recibido.

APRENDIZAJES KÁRMICOS PARA LAS ENERGÍAS DE ARIES

1. Descubrir quién eres, cuál es tu identidad.
2. Desarrollar originalidad y confianza en ti mismo(a).
3. Aprender a hacer las cosas por ti mismo(a), valerte por ti mismo(a), diferenciando entre el pedir ayuda para desarrollar herramientas y resolver, y pedir que te resuelvan los problemas.
4. Ser leal contigo mismo(a) y lograr autenticidad.
5. Tomar la iniciativa, sentirte cómodo(a) con ser pionero(a) en las actividades que elijas y abrir camino para que otros te sigan.
6. Ser prudente y evitar exigirte en demasía, especialmente a nivel de actividades físicas.
7. Desarrollar generosidad para evitar el egoísmo.
8. Desarrollar respeto por las necesidades de los demás, poder comprenderlas y empatizar con ellos.

9. Aprender a manejar tu mente, lo que le permitirá manejar tu carácter.

- ¿Qué aprendizajes kármicos de Aries son especialmente aplicables a tu vida?
- ¿Estás tratando de evitar alguno de estos aprendizajes? ¿Por qué?
- ¿Con cuáles aprendizajes te identificas?

CUESTIONARIO PERSONAL PARA MANIFESTAR LAS ENERGÍAS DE ARIES

- ¿Siento entusiasmo por la vida, y por alguna actividad particular?
- ¿Me expreso con independencia y autonomía sin necesidad de control y supervisión? ¿Tomo mis propias decisiones o busco que decidan por mí?
- ¿Expreso liderazgo en algún área de mi vida? ¿En cuál?
- ¿Hay algún tipo de actividad en mi vida en la que pueda calificarme como pionero(a)?
- ¿Respondo a los retos y oportunidades con valor y asertividad?
- ¿En qué área de mi vida me muestro activo(a), enérgico(a) y animado(a)?
- ¿Tengo sentido de identidad? ¿Conozco mis fortalezas tanto como mis debilidades?

- ¿Manifiesto fuerza de voluntad, o me dejo vencer por los obstáculos que se me presentan en el camino?

AFIRMACIONES PARA LAS CUALIDADES DE ARIES

Nota clave esotérica para Aries: «Surjo, y desde el plano de la mente, gobierno».

Las afirmaciones pueden ser utilizadas como pensamientos simientes para meditaciones diarias, especialmente durante el mes zodiacal del signo. Puedes meditar con cada una de ellas un día a la vez, o tantos días por afirmación como encuentres conveniente.

- Mi meta es ser valeroso(s) y guiar con el ejemplo, con vitalidad y entusiasmo.
- Soy libre e independiente y me guía la Chispa Divina dentro de mí.
- Escucho con atención a mi Voz interior y me enfoco en actuar en todo momento con integridad, honor, verdad y coraje.
- Busco lograr la auto-disciplina y la auto-honestidad para superar mis debilidades y utilizar mis fortalezas.
- Soy un guerrero que busca conquistar la parte inferior de mi naturaleza.

- Mis batalles están a favor de la verdad y la justicia, y en contra de las injusticias del mundo.
- Soy un pionero y buscaré retos que me permitan esforzarme y utilizar mi potencial Divino de manera creciente.

MEDITACIÓN ESOTÉRICA

(De «Sabiduría del Zodíaco» de Torkom Saraydarian)

1. Cierra los ojos y relájate.

2. Pronuncia la Gran Invocación:
   Desde el punto de Luz en la Mente de Dios
   Que afluya Luz a las mentes de los hombres;
   Que la Luz descienda a la Tierra.
   Desde el punto de Amor en el Corazón de Dios,
   Que afluya amor a los corazones de los hombres;
   Que Cristo retorne a la Tierra.
   Desde el centro donde la Voluntad de Dios
   es conocida,
   Que el propósito guíe a las pequeñas voluntades
   de los hombres,
   El propósito que los Maestros conocen y sirven.
   Desde el centro que llamamos la raza de
   los hombres,
   Que se realice el Plan de Amor y de Luz
   Y selle la puerta donde se halla el mal.
   Que la Luz, el Amor y el Poder
   Restablezcan el Plan en la Tierra.

3. Pronuncia tres Oms. El sonido crea armonía y comunión con el Universo.

4. Visualiza una flecha de fuego volando hacia el sol. Visualízate rompiendo al menos una limitación que tengas. Este es un paso hacia la resurrección.

5. Medita sobre el siguiente pensamiento simiente: «Resurrección es la victoria del espíritu sobre la materia».

6. Repite la Gran Invocación. Pronuncia tres OMs.

CONCLUSIONES

- ¿Cómo resumirías las energías de Aries?
- ¿Cuáles cualidades de Aries consideras más importantes para el éxito en tu vida? ¿Por qué?
- ¿Cuál es tu plan de acción para las siguientes semanas (e incluso meses) para alcanzar las cualidades de Aries que consideras de utilidad para tu vida?

2

TAURO
GRATITUD Y DESEO

20 abril – 20 mayo

RESUMEN DE CARACTERÍSTICAS

El mes de Tauro te trae la manifestación de las siguientes energías:

Palabras clave: Sosiego, firmeza, valores, dinero, precaución, control, seguridad, tenacidad, textura, belleza, hábitos, suministros y recursos, bondad, calma, romance, sensualidad.

- ¿Cuáles de estas energías necesito desarrollar para mejorar mi situación personal? ¿Por qué?

Cualidades a aprovechar: Práctico, paciente, digno de confianza; hábil para temas comerciales y de negocios; resistente y con orientación hacia los valores, especialmente los artísticos; afición al lujo y a la buena mesa, lo que le convierte en un buen anfitrión; persistente, sólido, tenaz, gran fuerza de voluntad; cariñoso, bondadoso; honrado.

Debilidades a trabajar: Posesivo, perezoso, falto de moderación, potencialmente tosco, de opiniones fijas, inflexible y sin originalidad; glotón, testarudo, resentido, rutinario.

Con el fin de superar las debilidades de Tauro que podrías encontrar en tu personalidad, es necesario que identifiques la cualidad contraria. ¿Qué debilidades de Tauro se presentan en tus actitudes que consideras que necesitas eliminar? ¿Cuál es la cualidad contraria que puedes utilizar para este propósito?

- Debilidad: ....
- Cualidad a consolidar: ....

Elemento: Tierra – símbolo de posesión y permanencia.

Qué tomar de Tauro: La energía de Tauro representa la tierra. Tauro sabe cómo sostener un esfuerzo en temas que se refieren al talento, la seguridad, los valores y las finanzas. No le gusta rendirse, aún en ocasiones cuando quizá debería hacerlo. Por lo tanto, aprender a soltar es uno de los aprendizajes más importantes para Tauro.

¿En qué áreas de mi vida necesito aprender a soltar? ¿En mi familia, con mi pareja, mis hijos, mis compañeros de trabajo? ¿Qué necesito soltar (qué actitudes, emociones, pensamientos, eventos del pasado)? ¿Qué acción puedo tomar en este mes para encaminarme hacia ese objetivo?

- Área: ....
- Qué soltar / qué acción a tomar: ....

CUALIDAD ESOTÉRICA: GRATITUD

La cualidad esotérica de Tauro es la GRATITUD.

Tauro es un signo de tierra que busca estabilidad para sentirse seguro. Sin embargo, la estabilidad no se da por los factores externos (trabajo, dinero, familia, pareja, etc.) sino por las CAPACIDADES internas. Por ello, Tauro necesita sentirse AGRADECIDO por todas las cualidades que posee, pues ellas le brindan la ansiada estabilidad. De la misma manera, la GRATITUD hacia quienes le rodean, le ayudan y le aman, hacia la Naturaleza que le acoge; así, esta cualidad se convierte en una fuente de alegría y de vida. La Gratitud es la llave que abre la puerta hacia los planos superiores, hacia lo eterno y permanente. Y para que esta Gratitud surta sus efectos, debe ser manifestada y reconocida de maneras visibles.

- Haz una lista de las principales cosas en tu vida por las cuales te puedes sentir agradecido(a).
- Con relación a los puntos enumerados arriba, ¿de qué manera y con qué actitudes muestras tu agradecimiento?
- ¿Hay alguna área en tu vida en la que sientas que no has mostrado suficiente agradecimiento? ¿Cómo puedes cambiar esa situación?

APRENDIZAJES PARA TAURO

Qué es lo que la energía de Tauro te pide aprender en este mes:

- Cómo planificar tu curso de acción antes de comenzar
- Cómo sentirte orgulloso(a) de tu fortaleza, persistencia y resistencia, y no sólo de tus resultados
- Cómo verte y vestirte bien, y disfrutar de la buena mesa sin necesidad de excederte en tu presupuesto

- Cómo estar satisfecho(a) con tu vida de acuerdo a lo que tú consideras placentero y no en base a la definición de los demás
- Cómo puedes lograr un hogar seguro, confortable y hermoso para ti y para los demás
- Cómo apreciar la música y las artes, involucrándote con ellas en calidad de intérprete o creador(a)
- Tauro te pide aprender a ser FUERTE Y RESUELTO(A).

Revisa los aprendizajes enumerados arriba y evalúa cuántas de estas condiciones estás esforzándote por cumplir, y cuáles necesitas trabajar aún.

- En proceso de desarrollo: ....
- Necesito trabajar más: ....
- ¿Qué harás en este mes para acercarte más a las metas de aprendizaje?

MEDITACIÓN SUGERIDA PARA LOGRAR LA MANIFESTACIÓN DE TAURO

Si quieres llegar a manifestar lo que deseas en tu vida, haz lo siguiente:

- Efectúa unas cuantas respiraciones profundas y lentas. En el ojo de tu mente, imagínate en un carro al inicio de un túnel. El carro se mueve luego a través del túnel a una velocidad cómoda.

- Al final del túnel hay una luz y a medida que te mueves hacia ella, observas sobre tu cabeza, en la pared del túnel, una señal con el número 22.
- A medida que avanzas, vas viendo señales con los números en descenso desde el 22 al 1.
- Finalmente, sales del túnel y llegas a un lugar en donde te sientes en absoluta seguridad y paz. Puedes imaginarlo de la manera que desees. Observa qué hay allí, sin juzgar. Sólo observa las imágenes y escenas que puedan suscitarse.
- Imagínate en este lugar de poder, como quieras verte, con alegría, salud, armonía, éxito, haciendo lo que siempre quisiste hacer, logrando el trabajo que siempre deseaste, la situación personal a la que aspiras.
- Habla con tu subconsciencia y dile cómo quieres que sea tu futuro. Muéstrale las imágenes de lo que deseas que suceda. Quédate en este lugar de poder tanto tiempo como desees.
- Cuando estés listo para regresar, dirígete nuevamente en el carro hacia el túnel, entra en él y observa los signos en la pared que van desde el 1 al 22.
- Finaliza tu viaje, y abre tus ojos lentamente.

1. Qué tan fácil o difícil te ha resultado visualizar la sensación de bienestar que deseabas? ¿A qué crees que se puede deber esa facilidad o dificultad?
2. ¿Qué vivencias de tu infancia o adolescencia que quedaron en tu subconsciencia pueden haber influido generando algún obstáculo?
3. ¿Qué pasos necesitas tomar para encaminarte hacia la imagen de tu futuro exitoso?

RITUAL ZODIACAL PARA LA ABUNDANCIA

Tauro rige la casa astrológica de las posesiones, la abundancia y la prosperidad. Para que podamos contar con recursos abundantes debemos darnos cuenta de que éstos no son sólo económicos sino también emocionales y mentales. La estabilidad, cualidad que nos trae Tauro está, por lo tanto, en nuestros recursos internos y no en posesiones externas.

El arroz es un símbolo de riqueza y prosperidad pues en muchas culturas de Asia y Medio Oriente; sus granos simbolizan la abundancia. Por ello, en los matrimonios era costumbre lanzar arroz a los novios para desearles una vida próspera y abundante. Podemos utilizar este poderoso símbolo de abundancia para generar las mejores condiciones con el ritual que proponemos a continuación.

Requerido:

- arroz crudo
- una taza que dedicarás permanentemente a este ritual
- monedas de diversas denominaciones
- Primero, toma la taza y coloca una capa de arroz en el fondo, y luego agrega unas cuantas monedas, cubriéndolas con más arroz.
- Continúa el proceso hasta que la taza esté llena hasta el borde.
- Una vez que hayas llenado la taza, colócala en tu puerta de ingreso o en tu altar espiritual.
- Puedes también elegir mantenerla en tu oficina o en tu negocio para atraer clientes e incrementar las utilidades.

La idea detrás de este simbólico ritual es que el arroz es un símbolo de abundancia y riqueza, y a medida que la humedad en el aire hincha el arroz, así también se incrementarán tus ingresos. Adicionalmente, si desearas atraer amor tanto como bienes económicos, puedes teñir el arroz con un colorante para alimentos de color rosa antes de colocarlo en la taza con las monedas.

Puedes usar este símbolo de abundancia de manera continua y permanente, pero es aconsejable cambiar el arroz al menos una vez al año.

También puedes desear encender de vez en cuando una vela verde o dorada y colocarla junto a la taza con el arroz para darle un empuje adicional al ritual.

Luego de desarrollar el ritual, evalúa lo siguiente:

1. ¿Qué significa para ti la prosperidad?
2. ¿Qué recursos deseas aumentar (físicos, emocionales, mentales, espirituales) y qué pasos puedes dar para lograrlo?
3. ¿Cómo visualizas tu futuro? (dentro de 1, 2, 5, 10 años)?
4. ¿Qué cualidades personales necesitas desarrollar para alcanzar estabilidad?

MEDITACIÓN ESTELAR

INTRODUCCIÓN:
Pon en práctica los pasos sugeridos en la introducción de la meditación estelar en la sección de Aries para relajar cuerpo, emociones y mente, y luego procede según lo siguiente:

- Imagina que subes hacia los planos superiores y llegas hasta la constelación de Tauro. Toma nota de cualquier cosa, símbolo o imagen que veas en el camino.

- En la constelación hay una luz brillante que te llama y te acercas a ella. En su centro encuentras a un anciano sabio, meditando, sentado bajo un gran árbol, detrás del cual está pastando un toro, el símbolo de Tauro.
- El sabio está sentado en posición de meditación y te invita a acercarte y a hacerle las preguntas que desees con relación a la energía y a las cualidades de esta constelación, y cómo utilizarlas de la mejor manera en tu vida.

1. Pregúntale cómo pueden ayudarte y respaldarte las cualidades de Tauro en tu crecimiento personal. ¿Qué te responde?
2. Pregúntale en qué situaciones podrías ser más flexible en tus ideas y en qué situaciones necesitarías sostener tus puntos de vista con más firmeza. Toma nota de su respuesta.

- ¿Qué te aconseja para lograr más flexibilidad?
- ¿Qué te aconseja para lograr más firmeza?
- ¿Qué otras preguntas le harías?
- ¿Qué te responde?

Finalmente, agradécele por su apoyo y consejos, y regresa al lugar de donde partiste a través del medio por el cual llegaste a la constelación. Toma tres respiraciones profundas y abre tus ojos con suavidad. Anota en tu cuaderno o tu diario espiritual todo aquello que hayas observado y toda la información que hayas recibido.

APRENDIZAJES KÁRMICOS DURANTE EL MES ZODIACAL DE TAURO

- Vivir con intensidad en el plano material, aprendiendo a disfrutar de los sentidos sin ser manejado(a) por ellos.
- Tomar consciencia de lo que necesitas de la vida y no solo lo que quieres de ella.
- Apreciar a las personas por sus cualidades y no solo por su apariencia externa.
- Expresar generosidad y amor a través de la ayuda que puedes dar a otros.
- Disfrutar de la cultura y las artes; apoyar y auspiciar, de acuerdo a tus posibilidades, los emprendimientos humanitarios, y equilibrar las actividades de dar y recibir en tu vida.
- Conectarte con la naturaleza y disfrutar del cuidado de las plantas y los jardines como medio de relajación personal.
- Aprender a fluir con los ciclos, sin apurarlos ni detenerlos.
- Aprender a desarrollar fundamentos y cimientos sólidos para todo lo que desees construir, ya sea materialmente, a nivel de relaciones o de proyectos y emprendimientos.

- Ser persiste y tenaz para lograr tus objetivos.
- Lograr arraigo en tu vida en relación a lo tangible, material, sólido, sustancial, real y presente.
- Desarrollar practicidad para resolver y superar retos y obstáculos.

1. ¿Qué aprendizajes kármicos de Tauro son más aplicables a tu vida?
2. ¿Estás tratando de evitar alguno de estos aprendizajes? ¿Por qué?
3. ¿Con cuáles aprendizajes te identificas más?

CUESTIONARIO PERSONAL PARA MANIFESTAR LAS ENERGÍAS DE TAURO

- ¿Hay algún aspecto de tu vida que esté atrapado en la rutina?
- ¿Está presente en tu vida el contacto con la Madre Tierra o la Naturaleza y le expresas tu amor y agradecimiento?
- ¿Utilizas tu encanto personal y tus recursos sólo para obtener lo que deseas de los demás, o estás utilizando estas capacidades de manera desprendida para traer alivio y ayuda a otros?
- ¿Desarrollas alguna habilidad artística o te relacionas de alguna manera con el arte, la música, el canto, el baile, etc. como una forma de aliviar el estrés?

- ¿Se basa tu seguridad personal en valores principalmente materiales, centrándote solo en ti mismo(a) o te interesas en la seguridad de los demás?
- ¿Buscas sentirte seguro(a) a partir de otros, o te esfuerzas por darle también seguridad a otras personas, siendo una persona en quien se puede confiar?
- ¿En qué área de tu vida te muestras activo, enérgico y animado?
- ¿Estás construyendo algo de valor para el futuro?

AFIRMACIONES PARA LAS CUALIDADES DE TAURO

Nota clave esotérica para Tauro: «Veo, y cuando el ojo está abierto, todo es luz».

Las afirmaciones pueden ser utilizadas como pensamientos simientes para meditaciones diarias, especialmente durante el mes zodiacal del signo. Puedes meditar con cada una de ellas un día a la vez, o tantos días por afirmación como encuentres conveniente.

- Mi meta es convertirme en una persona de gran fortaleza y estabilidad, como un árbol de roble.

- Desarrollo el sentido común y utilizaré esta sabiduría para ver a través de la confusión y las mentiras, y reconoceré lo que es verdadero y valioso.
- Valoro aquellas cosas que agregan belleza y gracia a nuestro mundo y las comparto con otros menos afortunados.
- A través de mi trabajo esforzado, traeré estabilidad a mi vida y ofreceré estabilidad a todos los que la necesitan.
- Expresaré mi apreciación por la Madre Tierra y la Naturaleza, y haré el esfuerzo de preservarlas para el futuro.
- Disfrutaré sensatamente de todas las riquezas que la vida ofrece.

MEDITACIÓN ESOTÉRICA

(De «Sabiduría del Zodíaco» de Torkom Saraydarian)

1. Cierra los ojos y relájate.

2. Pronuncia la Gran Invocación:
   Desde el punto de Luz en la Mente de Dios
   Que afluya Luz a las mentes de los hombres;
   Que la Luz descienda a la Tierra.
   Desde el punto de Amor en el Corazón de Dios,
   Que afluya amor a los corazones de los hombres;
   Que Cristo retorne a la Tierra.
   Desde el centro donde la Voluntad de Dios
   es conocida,

Que el propósito guíe a las pequeñas voluntades
de los hombres,
El propósito que los Maestros conocen y sirven.
Desde el centro que llamamos la raza de
los hombres,
Que se realice el Plan de Amor y de Luz
Y selle la puerta donde se halla el mal.
Que la Luz, el Amor y el Poder
Restablezcan el Plan en la Tierra.

3. Pronuncia tres OMs.

A medida que pronuncias los tres OMs, sintetízate a ti mismo con la Vida detrás de toda existencia. Deja que tu individualidad se derrita en la Gran Vida que es la fuente de energía, belleza, bondad, salud y creatividad.

4. Pronuncia: «Salutaciones al Gran Ser Uno.»

5. Medita por diez minutes en el siguiente pensamiento simiente: «Que mi vida sea una labor de síntesis».

6. Visualiza una estrella de cinco puntas sobre tu cabeza, y sobre el edificio en el que estás. Esta es la estrella de la consciencia crística.

6. Repite la Gran Invocación. Pronuncia tres OMs.

CONCLUSIONES

- ¿Cómo resumirías las energías de Tauro?
- ¿Cuáles cualidades de Tauro consideras más importantes para el éxito en tu vida? ¿Por qué?
- ¿Cuál es tu plan de acción para las siguientes semanas (e incluso meses) para alcanzar las cualidades de Tauro que consideras de utilidad para tu vida?

3

GÉMINIS:
INOFENSIVIDAD Y COMUNICACIÓN

21 mayo – 20 junio

RESUMEN DE CARACTERÍSTICAS

El mes de Géminis te trae la manifestación de las siguientes características:

Palabras clave: Dualidad, habilidades sociales, comunicación, astucia, lógica, inquietud, versatilidad, curiosidad, precocidad, transmisión de información, agilidad mental.

- ¿Cuáles de estas características necesito desarrollar para mejorar mi proceso personal? ¿Por qué?

Cualidades a aprovechar: Adaptable, versátil, intelectual, ingenioso y lógico, activo, espontáneo, animado, locuaz y divertido en la conversación; facilidad para los idiomas y para escribir; su apariencia es siempre joven y moderna.

Debilidades a trabajar: Variable, intranquilo, astuto; inquisitivo, inconsecuente y voluble; dificultad para controlar su energía nerviosa, vive al «tope de sus nervios», superficial y chismoso.

Para poder liberarte de las debilidades de Géminis que puedas haber identificado, es necesario que desarrolles las cualidades opuestas. ¿Qué debilidades de Géminis encuentras en tus actitudes que te convendría eliminar? ¿Cuál consideras que podría ser la cualidad contraria que puedes utilizar para este propósito?

- Debilidad: ....
- Cualidad a consolidar: ....

Elemento: Aire – símbolo de ideas, intelecto y comunicación.

Qué tomar de Géminis: La energía de Géminis representa el aire mutable. Sabe cómo ajustar e improvisar su estilo de comunicación para afrontar las fluctuaciones. Géminis puede adaptarse a su entorno. Por lo tanto, aprender a desarrollar un conjunto único de creencias como base es su lección más importante.

Hagamos un ejercicio. Piensa en algo que quieras comunicar, algún mensaje que desees transmitirle a alguien: emociones difíciles de expresar, alguna idea o proyecto nuevo. Plantea distintas formas de hacerlo, distintas perspectivas. Luego analiza cuál opción constituye la mejor manera de expresar lo que deseas. Si quieres, repite luego el ejercicio con un nuevo tema (o varios otros temas, uno a la vez) que necesites comunicar.

Lo que deseo comunicar:

- De manera racional:
- De manera firme:
- De manera emocional:
- De manera amable:
- Buscando conciliar:
- Locuazmente:

CUALIDAD ESOTÉRICA: INOFENSIVIDAD

Cada signo zodiacal cuenta con una cualidad esotérica que, al desarrollarla, facilita la asimilación de las energías de la constelación. En el caso de Géminis, la cualidad es la INOFENSIVIDAD.

Géminis está relacionado con la capacidad de comunicar, de transmitir y recibir mensajes. Por lo tanto, Géminis te pide que desarrolles inofensividad en tus comunicaciones. Esto no significa sumisión ni represión de lo que deseas decir. Por el contrario, esta constelación de pide asertividad y rectitud al manifestar tus ideas y tus enfoques, pero sin dañar al receptor. Al utilizar esta energía, ten consciencia de la manera en que transmites tus mensajes. Inofensividad implica además no transmitir chismes ni comentarios mal intencionados o falsos. Esto se aplica igualmente a las emociones y los pensamientos: si lo que vas a decir, decidir, hacer e incluso pensar puede dañar a otros, Géminis requiere de ti ser inofensivo y evitar los efectos dañinos.

Recuerda alguna acción o algo que hayas dicho, que pudo haber provocado un malentendido o haber generado malestar o conflicto con otra persona. Piensa: ¿qué podrías haber dicho o hecho de manera diferente? ¿Cómo podrías cambiar el desenlace?

- Acción o mensaje a cambiar:
- Nueva acción o discurso diferente:

APRENDIZAJES PARA GÉMINIS

Qué es lo que la energía de Géminis te pide aprender:

- Cómo ser multifacético(a) y trabajar en varias tareas e incluso varias actividades simultáneamente.
- Cómo utilizar las habilidades de comunicación para hacer llegar correctamente tu mensaje a otros.
- Cómo relacionarte con otros para que puedas ser realmente quién eres sin necesidad de perder tu identidad.
- Cómo aplicar el conocimiento que has adquirido a situaciones del mundo real para convertir las palabras en acciones prácticas.
- Cómo aceptar que, a pesar de toda la información que adquieres, no puedes saberlo todo ni conocerlo todo.
- Cómo darte cuenta de que muchas veces tratas de racionalizar tus emociones, haciéndote muy mental en detrimento de tus emociones.
- Cómo ver todos los aspectos de un argumento para poder cambiar de posición de manera diplomática y flexible.
- Cómo manejar el aburrimiento para no caer en efectos y acciones inconvenientes al tratar de evitarlo.

Revisa los aprendizajes enumerados arriba y evalúa cuántas de estas condiciones estás esforzándote por cumplir, y cuáles necesitas trabajar aún.

- En desarrollo: ....
- Necesito trabajar más: ....
- ¿Qué harás en los próximos días para acercarte más a las metas de aprendizaje?

MEDITACIÓN ESCRITA PARA CONSOLIDAR LAS ENERGÍAS DE GÉMINIS

Si quieres lograr una mejor comunicación en tu vida, especialmente escrita, haz lo siguiente:

1. Toma un papel en blanco y traza una raya vertical, dividiéndolo en dos áreas.
2. Escribe en una de ellas todas las cosas buenas De tu vida y ponle por título: «Mi Buena Fortuna».
3. En la otra área, haz una lista de todas las cosas que deseas cambiar en tu vida y ponle por título: «Cosas que voy a cambiar».
4. Voltea la hoja y en la espalda de ésta, ponle por título: «Cómo deseo que sean las cosas», y vuelve a trazar una raya vertical con dos secciones: «Metas a corto plazo» (aquellas que puedes lograr cada día, en tu vida diaria) y «Metas a largo

plazo» (que pueden basarse en las metas de corto plazo, o pueden ser diferentes).

5. Al escribir tus metas, indica siempre «Voy a...» y no «Voy a tratar de...», pues la primera modalidad es poderosa y te permite reforzar tu fuerza de voluntad.
6. Al final de la hoja, o en una nueva si lo prefieres, haz una nueva lista con el título: «Qué cosas he permitido que me detengan y cómo superarlas». Incluye todas las cosas que te han dificultado alcanzar tus metas y los pasos que vas a dar para corregir y resolver dichas dificultades. Esta es una parte muy importante del ejercicio.
7. A medida que escribes tus obstáculos, te irás dando cuenta que puedes desarrollar métodos para superarlos. Anota todas aquellas maneras para lograrlo.
8. Puedes actualizar estas listas cada semana, si lo deseas. Te sorprenderás de ver cuántas metas de corto plazo has alcanzado y cuántas nuevas actitudes están reemplazando a aquello que querías cambiar.
9. Cuando observes que has alcanzado alguna meta a largo plazo, puedes recompensarte por ello en alguna manera y desarrollar una pequeña ceremonia para tacharla de tu lista.

- ¿Qué tan fácil o difícil te ha resultado desarrollar el ejercicio e identificar los obstáculos a superar?

- ¿Qué mensajes adquiridos en tu infancia o adolescencia han influido en el desarrollo inconsciente de estas dificultades?
- ¿Qué pasos necesitas tomar para concretar exitosamente los cambios deseados?

RITUAL ZODIACAL PARA MEJORAR LA COMUNICACIÓN

En diversas oportunidades enfrentamos situaciones en las que la comunicación con un ser amado o alguna persona cercana se enturbia por algún malentendido. En este mes zodiacal de la comunicación, podemos poner en práctica este ritual para mejorar o restablecer la comunicación que parece haberse quebrado.

Necesitarás:

- un vela rosada o blanca
- algún instrumento para inscribir o tallar un símbolo en la vela
- papel y lápiz, y un sobre
- incienso con el aroma de tu predilección
- materiales a tu elección para preparar un obsequio para la persona que aprecias (puede ser, por ejemplo, una tarjeta o adorno confeccionado a mano, un dulce o un chocolate, un libro o algo simbólico que pueda ser del agrado de la persona)

Talla en la vela un símbolo de amistad que te sea representativo. Puede ser una imagen de dos manos entrelazadas, un corazón, una runa, etc., o un símbolo de paz, como una paloma, para ayudar a aliviar las tensiones. Enciende la vela y el incienso para que el aroma se extienda por el aire y lleve tu mensaje.

Respira profundamente para que puedas relajarte y enfocarte. Luego observa la llama de la vela y manifiesta tu intención, tal vez con las siguientes palabras: «Que la comunicación entre (nombre de la persona) y yo vuelva a fluir; que los lazos se reparen y las palabras afloren».

Dibuja el símbolo que tallaste sobre la vela en la parte superior del papel. Luego escribe en el papel lo que sientes: ¿Qué lamentas haber dicho o hecho? ¿Qué te gustaría que hubiera sucedido para evitar el conflicto? ¿Cómo te sientes en relación a la otra persona? ¿Qué tan importante es esta persona para ti y cuáles son las razones para mantener la relación? Incluye cualquier otro pensamiento que te gustaría que tu ser amado o amigo recibiera de ti. Firma tu nombre en la parte inferior de la página. Luego toma tus materiales para preparar el obsequio y trabaja en él, pronunciando lo siguiente:

«Preparo este obsequio con amor y cuidado,

para cualquier daño reparar;
que mi mensaje de Amor sea entregado
y nuestros lazos se vuelvan a estrechar».

Vierte amor y compasión en el obsequio que estás preparando. Visualízalo brillando con una luz suave, pacífica y amorosa. Luego coloca el obsequio junto con el mensaje escrito en el sobre y séllalo con la cera de la vela.

Observa la vela por unos momentos y visualiza tu conflicto finalizando, y tu relación retornando a su estado armonioso, como lo era antes del conflicto. Piensa en tener una conversación con la persona e imagina que todo fluye positivamente y que el conflicto está resuelto.

Cuando estés listo(a), agradece y cierra tu ritual. La próxima vez que veas a la persona, entrégale el sobre. Sostén una conversación sincera con él/ella y haz tu mejor esfuerzo para sanar la relación.

Luego de desarrollar el ritual, evalúa lo siguiente:

1. ¿Qué actitud tuya pudo dificultar la comunicación y cómo superarla?
2. ¿A qué te comprometes para mejorar la situación?
3. ¿Qué sentimientos te produce realizar este ritual?
4. ¿Por qué elegiste el regalo y qué representa para ti?

MEDITACIÓN ESTELAR

INTRODUCCIÓN:

Pon en práctica los pasos sugeridos en la introducción de meditación estelar en la sección de Aries, para relajar cuerpo, emociones y mente, y luego procede según lo siguiente:

- Imagina que subes hacia los planos superiores y llegas hasta la constelación de Géminis. Toma nota de cualquier cosa, símbolo o imagen que veas en el camino.
- En la constelación hay una estrella brillante que te llama y te acercas a ella. En su centro encuentras un portal formado por dos columnas, detrás del cual dos hermanos gemelos de corta edad juegan y conversan entre sí (pueden ser hombres o mujeres, o una pareja de gemelos, a tu elección). Al verte, te invitan a acercarte y a traspasar el portal.
- Los gemelos están en constante actividad y te invitan ahora a jugar con ellos, a hacerles las preguntas que desees con relación a la energía y a las cualidades de la constelación de Géminis, y cómo utilizarlas de la mejor manera en tu vida.

1. Pregúntales cómo las energías de Géminis puede ayudarte a crecer en los temas de vida sobre las que tiene influencia. ¿Qué te responden?
2. Pregúntales cómo puede ayudarte Géminis a lograr más dinamismo y mayor versatilidad. ¿Qué te responden?
3. Pregúntales en qué áreas de tu vida y a quiénes necesitas comunicar mejor tus ideas, y cómo puedes lograr dicha mejora. ¿Cuál es la respuesta?
   - En qué áreas / con quiénes necesitas comunicarte mejor:
   - Cómo lograrlo:
4. ¿Qué otras preguntas les harías?
5. ¿Qué te responden?

Finalmente, agradéceles por su apoyo y consejos, y regresa al lugar en la naturaleza de donde partiste a través del medio por el cual llegaste a la constelación. Toma tres respiraciones profundas y abre tus ojos con suavidad. Anota en tu cuaderno o tu diario espiritual todo aquello que hayas observado y toda la información que hayas recibido.

APRENDIZAJES KÁRMICOS DURANTE EL MES ZODIACAL DE GÉMINIS

- Aprender a comunicar claramente.

- Tomar consciencia de la importancia de poder comunicar la luz del conocimiento, la sabiduría y el amor al mundo.
- Aprender a identificar la dualidad y los pares de opuestos para encontrar el punto medio.
- Desarrollar ideas propias y consistentes para evitar cambiar constantemente de opinión.
- Aprender a expresarte a través de la palabra hablada o escrita.
- Aprender a escuchar y no sólo a hablar.
- Fluir con los ciclos de vida y aceptar el proceso de maduración y envejecimiento, manteniendo tu energía juvenil.

1. ¿Qué aprendizajes kármicos de Géminis son aplicables a tu vida?
2. ¿Se te dificulta alguno de estos aprendizajes? ¿Por qué?
3. ¿Con cuáles aprendizajes te identificas más?

CUESTIONARIO PERSONAL PARA MANIFESTAR LAS ENERGÍAS DE GÉMINIS

- ¿Hay alguna área de tu vida en la que puedes comunicar tus ideas y pensamientos libremente?
- ¿Hay algún tipo de trabajo o actividad en la que estés involucrado(a) que te permita contactar a las personas para aprender y divertirte?

- ¿Te es fácil expresar movimiento en tu vida, a través de la danza, los deportes o alguna otra disciplina? ¿Cómo podrías mejorarlo?
- ¿Te es posible participar en discusiones y debates de manera equilibrada, lógica y razonable, reconociendo tus derrotas tanto como tus éxitos?
- ¿Compartes tus ideas? ¿Eres capaz de dedicar tiempo para enseñarle a otros y transmitir tu conocimiento?
- ¿Eres un buen comunicador o se te pasa por alto transmitir información importante debido a que el tema que se está tratando no es de tu interés?
- ¿Haces el esfuerzo de escuchar a los demás tanto como te gusta escucharte a ti mismo(a)?
- ¿Escuchas a tu voz interior y tu corazón al tomar decisiones en vez de confiar sólo en tu intelecto?

AFIRMACIONES PARA CONSOLIDAR LAS CUALIDADES DE GÉMINIS

Nota clave esotérica para el signo de Géminis: «Veo mi otro yo, y en la declinación de ese yo, resplandezco y crezco.»

Las afirmaciones pueden ser utilizadas como pensamientos simiente para meditaciones diarias, especialmente durante el mes zodiacal del signo. Puedes meditar con cada una de ellas, un día a la vez, o tantos días por afirmación como encuentres conveniente.

- Soy un mensajero. Mi meta está en comunicar hechos e información sin juicio ni emoción.
- Estoy aquí para traer la luz de la verdad y el conocimiento al mundo.
- Mi rol está en analizar los hechos a través del uso de mis habilidades lógicas y mi mente racional, y luego transmitirlos con neutralidad.
- Comprendo la mente humana y el poder del pensamiento.
- Comprendo que los pensamientos son «objetos», y como tales, tienen el poder de herir o sanar.
- Haré mi mejor esfuerzo para generar pensamientos amorosos que traigan luz al mundo.
- Aprenderé a enfocar mi mente de modo que pueda traer buenas ideas a la luz.
- Aprenderé a comprender los poderes superiores de la mente como herramientas que puedo utilizar para beneficiar a todos a través del consejo sabio.

MEDITACIÓN ESOTÉRICA

(De «Sabiduría del Zodíaco» de Torkom Saraydarian)

1. Relájate y cierra los ojos.

2. Pronuncia tres OMs.

3. Pronuncia la Gran Invocación:

«Desde el punto de Luz en la Mente de Dios,
Que afluya luz a las mentes de los hombres,
Que la Luz descienda a la tierra.

Desde el punto de Amor en el Corazón de Dios,
Que afluya amor a los corazones de los hombres,
Que Cristo retorne a la Tierra.

Desde el centro donde la Voluntad de Dios
es conocida,
Que el propósito guíe las pequeñas voluntades de los
hombres –
El propósito que los Maestros conocen y sirven.

Desde el centro de lo que llamamos la raza de
los hombres,
Que se realice el Plan de Amor y de Luz
Y selle la puerta en donde se halla el mal.

Que la Luz, el Amor y el Poder restablezcan el Plan
en la Tierra.»

Repite cada verso tres veces, en tres diferentes niveles.

En el primer verso, conéctate primero con las fuentes de luz en ti mismo(a), luego en el planeta, luego en el Universo. Visualiza la luz esparciéndose por todo el mundo.

En el segundo verso, conéctate primero con tu centro del corazón, luego con la Jerarquía Espiritual, y luego con la gran estrella de Sirio. Visualiza el amor vertiéndose sobre todo el mundo.

En el tercer verso, conéctate primero con la fuente central de poder, representada por el centro de la cabeza dentro de ti, luego con el centro de la cabeza del planeta, luego el centro de la cabeza del Universo.

En el cuarto verso, visualiza a toda la humanidad envuelta en luz, amor y poder. Visualiza cómo es sellado «el lugar donde habita el mal»: el mal dentro de tu cuerpo físico, tu cuerpo emocional y tu cuerpo mental, dentro de muchas naciones y en el espacio.

En el quinto verso: «Que la Luz, el Amor y el Poder restablezcan el Plan en la Tierra» - visualiza las tres fuentes para cada energía: primero Cósmica, luego planetaria, luego humana, estableciendo alegría, prosperidad y libertad en la tierra.

4. Pronuncia: «Que el Príncipe de Paz y el Avatar de Paz traigan paz a la tierra».

5. Pronuncia un OM.

6. Utiliza el pensamiento simiente: ¿Cómo puedo vivir una vida de luz, amor y dirección pura? Proporciona diez respuestas a esta pregunta.

7. Visualízate parado(a) sobre una montaña. Visualiza los rayos de Luz, Amor y Poder llegando hasta ti desde tus centros superiores, desde los centros planetarios, y desde los centros Cósmicos. Estás brillando como un diamante de Luz, Amor y Poder.

8. Pronuncia el siguiente mantram:
«Oh, Señor,
Conduce a la humanidad
De la oscuridad a la Luz,
De lo irreal a lo Real,
De la muerte a la Inmortalidad,
Del caos a la Belleza.
Que venga la visión y la percepción interna.
Que el porvenir quede revelado.
Que la unión interna sea demostrada.
Que cesen las divisiones externas.
Que prevalezca el amor.
Que todos los hombres amen.»

9. Ponte de pie, eleva rus manos y envía amor, luz y poder a toda la humanidad.

10. Pronuncia tres OMs.

CONCLUSIONES

- ¿Cómo resumirías las energías de Géminis?
- ¿Qué cualidades de Géminis consideras más importantes para el éxito en tu vida? ¿Por qué?
- ¿Cuál es tu plan de acción para las siguientes semanas (e incluso meses) para alcanzar las cualidades de Géminis que consideras de utilidad para tu vida?

4

CÁNCER:

DISCERNIMIENTO Y HOGAR

21 junio – 22 julio

RESUMEN DE CARACTERÍSTICAS

El mes de Cáncer te trae la oportunidad para desarrollar las siguientes características:

Palabras clave: Clarividencia, protección, herencia, emociones, estado de ánimo, sentimientos, intuición, reflejo, respuesta, adaptación, hábitos, ciclos, maternidad, amor incondicional, conexión con el pasado.

- ¿Cuáles de estas energías necesitas desarrollar para avanzar en tu proceso personal? ¿Por qué?

Cualidades a aprovechar: Amable, sensible, compasivo; gran imaginación; fuerte instinto paternal o maternal, solícito y protector, cauto, patriótico; tenaz y perseverante, perspicaz, frugal; amplio registro emocional; muy amante de su hogar.

Debilidades a trabajar: Exceso de emotividad, hipersensible; susceptible, con inclinación a la irritabilidad; voluble y con tendencia a los caprichos; con apariencia dura y resistente para ocultar un carácter débil o temeroso; tendencia a la autocompasión, rencoroso; inestable y demasiado sensible al halago; desordenado.

Para poder liberarte de las debilidades de Cáncer que podrías identificar en tu vida, es necesario que desarrolles las cualidades opuestas. ¿Qué debilidades de Cáncer encuentras en tus actitudes que te convendría eliminar y cuál es la cualidad contraria que puedes utilizar para este propósito?

- Debilidad: ....
- Cualidad a consolidar: ....

Elemento: Agua – símbolo de emoción, intuición y empatía.

Qué tomar de Cáncer: Cáncer representa el agua cardinal. Te permite conocer cómo dar y nutrir, tanto como comprender los procesos emocionales. Te ayuda a compartir sentimientos y ser protector(a). Por lo tanto, aprender cómo evitar ser sobreprotector(a) es una de las lecciones más importantes para la energía de Cáncer, de modo que quienes te rodean puedan aprender a valerse por sí mismos.

¿En qué áreas de tu vida estás siendo sobreprotector(a)? ¿Con quién: mi familia, mi pareja, mis hijos, mis compañeros de trabajo? ¿Qué acción puedo tomar en los siguientes días para equilibrar esa actitud?

- Área de vida: ....
- Acción a tomar: ....

CUALIDAD ESOTÉRICA: DISCERNIMIENTO

Cada signo zodiacal cuenta con una cualidad esotérica que, al desarrollarla, facilita la asimilación de las energías de la constelación. En el caso de Cáncer, la cualidad es el DISCERNIMIENTO.

El sentido con el que tomamos la capacidad de discernir o discriminar bajo el signo de Cáncer no se refiere a la separatividad y el rechazo, sino a la cualidad de darnos cuenta qué conviene y qué no conviene, qué es importante y qué es banal; está referido a diferenciar una cosa de otra. Ya que Cáncer representa esotéricamente el primer signo en el recorrido humano que se relaciona con entrar en la encarnación, es indispensable que aprendas a discriminar entre aquello que te ayuda a evolucionar y aquello que te mantiene atado(a) a los hábitos, apegos y creencias.

Para poder discernir adecuadamente, necesitas pensar en términos de causa y efecto: ante cualquier acción o decisión, es indispensable que pienses cuál será el efecto de tus actos, palabras e incluso pensamientos. Si te esfuerzas en ello, tu capacidad de ver con mayor claridad y discernir irá en aumento.

Para trabajar la cualidad de este mes, elige alguna situación en la cual debas tomar una decisión, ya sea en el ámbito laboral o personal. Piensa en las consecuencias de tomar esa decisión, los pros y contras, a las personas que podría afectar, si es conveniente o no para tu desarrollo, etc. Evalúa las opciones y ejercita tu discernimiento.

Situación actual:

- Opción 1:
    - Ventajas: ....
    - Desventajas: ....
- Opción 2:
    - Ventajas: ....
    - Desventajas: ....

APRENDIZAJES PARA CÁNCER

Qué es lo que la energía de Cáncer te pide aprender en este mes:

- Cómo equilibrar tu adhesión hacia las tradiciones familiares con la necesidad de adaptarlas a los tiempos actuales.
- Cómo perdonar sin bloquear emocionalmente los eventos, asimilando los aprendizajes.
- Cómo demostrar tu ternura, afecto y expresión emocional sin tratar de protegerte en exceso.
- Cómo ser compasivo(a) y empático(a) con las situaciones de terceros sin necesidad de afectarte a nivel físico, especialmente en lo referido a tu salud estomacal.
- Cómo enseñarles a tus seres queridos a valerse por sí mismos sin sobreprotegerlos.
- Cómo relacionarte con las necesidades y motivaciones de otros sin tratar de «arreglarlas».
- Cómo apreciar y proteger objetos emocionalmente importantes para ti sin apegarte a ellos.

Revisa los aprendizajes enumerados arriba y evalúa cuántas de estas condiciones estás esforzándote por cumplir, y cuáles necesitas trabajar aún.

- En desarrollo: ....
- Necesito trabajar más: ....

- ¿Qué harás en los próximos días para acercarte más a las metas de aprendizaje?

MEDITACIÓN SUGERIDA PARA LOGRAR LA SEGURIDAD REQUERIDA POR CÁNCER

La próxima vez que te sientas inseguro o con dudas sobre tu habilidad para manejar el estrés, pon en práctica lo siguiente:

- Imagínate como un niño de cinco años y habla contigo mismo como lo harías con el niño – de la manera en que confortarías a un niño asustado. Hazlo mentalmente o en voz alta, si estás solo.

- Si te es de ayuda, busca una foto tuya de niño(a) y háblale. Dile a este niño interior que lo amas y que todo va a estar bien.

- Piensa en cómo tú, como un padre (o madre) amoroso(a), te proporcionarías protección si fueras ese niño asustado, sensible e inseguro. Podrías decir, por ejemplo: «Sé que estás asustado. Todos nos asustamos a veces. Pero todo está bien. Yo estoy aquí. Te amo mucho y te protegeré. No te preocupes».

- No sólo te limites a decirlo, ¡siéntelo! Dale a tu niño interior el tipo de amor incondicional que un padre o madre le daría a su hijo. Dile que no importa lo que suceda, siempre lo amarás.

- Si has estado enojado(a) contigo mismo(a), discúlpate con tu niño interior por asustarlo y explícale que pudiste haber perdido la paciencia, pero ahora te sientes mucho mejor. Si alguna vez pensaste que estabas gordo(a), eras feo(a) o poco atractivo(a) en cualquier aspecto, discúlpate y dile a este niño lo hermoso, bello y lindo que es.
- Nunca será demasiado decirle a tu niño interior cuánto lo amas, que todo estará bien, y que es un niño muy bueno. Los niños florecen cuando se les da seguridad, y los niños que han vivido en familias disfuncionales necesitan mucho de esta seguridad.
- No es realista esperar que nuestra familia, amigos y el mundo externo nos dé este tipo de motivación constante, pero podemos y debemos dárnosla a nosotros mismos.

Poco a poco desarrollarás más confianza con este ejercicio de auto-apoyo emocional.

1. ¿Qué tan fácil o difícil te ha resultado visualizar las escenas que promueven seguridad?

2. ¿Cuándo y con quién puedes haber aprendido a sentirte inseguro(a)?

3. ¿Qué pasos necesitas tomar para concretar exitosamente tu sensación de seguridad personal?

RITUAL ZODIACAL PARA LA UNIÓN FAMILIAR

Este ritual para la unidad familiar proviene de las tradiciones afroamericanas y se basa en crear un espacio en tu hogar dedicado especialmente a los ancestros y la familia.

El mejor lugar para trabajarlo es en la pared de tu hogar que da hacia el este. La pared este simboliza las relaciones y el este es el lugar por donde sale el sol.

Este ritual es de gran utilidad si tu familia sufre de conflictos y puedes desarrollarlo en cualquier momento, pero puede funcionar mejor alrededor de las épocas de celebraciones familiares.

REQUERIDO:

- Fotos de los miembros de la familia
- Una vela blanca

PROCEDIMIENTO:

Arregla las fotos a tu gusto, diseñando una distribución que represente para ti el concepto de Unidad

Familiar. Distribúyelas colgándolas en la pared o sobre una mesa. Si tienes una chimenea, puedes ubicarlas sobre ella.

Coloca la vela blanca muy cerca de las fotos y enciéndela pensando que enciendes la unidad familiar.

Pronuncia:

«Familia, tenemos un vínculo que no termina, un vínculo fuerte y verdadero con nuestros seres amados, viejos y jóvenes. Estamos juntos ante las dificultades por el amor que nos profesamos».

Deja que la vela se consuma y disfruta de la renovada sensación de paz y alegría que entrará a tu vida.

1. ¿Qué situaciones o conflictos familiares deseas resolver?
2. ¿Qué aspiras para el futuro con relación a tu familia?
3. ¿De qué manera esperas que se resuelva la situación familiar?
4. ¿Cuál debe ser tu contribución o actitud para resolver la situación?

MEDITACIÓN ESTELAR

INTRODUCCIÓN:

Pon en práctica los pasos sugeridos en la introducción de la meditación estelar en la sección de Aries, para relajar cuerpo, emociones y mente, y luego procede según lo siguiente:

- Imagina que subes hacia los planos superiores y llegas hasta la constelación de Cáncer. Toma nota de cualquier cosa, símbolo o imagen que veas en el camino.

- En la constelación hay una estrella brillante que te llama y te acercas a ella. En su centro encuentras a una matrona (una mujer maternal y con muchos hijos) que cuida de sus hijos mientras éstos juegan en el prado. De un riachuelo cercano emerge un cangrejo, símbolo de Cáncer, que se acerca y se detiene a los pies de la matrona.

- La matrona está sentada debajo de un árbol, junto al riachuelo, y te invita a acercarte. Te dice que puedes hacerle las preguntas que desees con relación a la energía y a las cualidades de esta constelación y cómo utilizarlas de la mejor manera en tu vida.

1. Pregúntale cómo Cáncer puede ayudarte a crecer en el(las) área(s) de tu vida en las que podrías sentirte desprotegido(a). ¿Qué te responde?

2. Pregúntale cómo puede ayudarte y respaldarte Cáncer en tu crecimiento personal para lograr confianza y seguridad. ¿Qué te responde?
3. Pregúntale en qué situaciones podrías ser más desapegado y en qué situaciones necesitarías mostrarte más protector.
   - o Más desapegado: ....
   - o Más protector: ....

4. ¿Qué otras preguntas le harías?

5. ¿Qué te responde?

Finalmente, agradécele por su apoyo y consejos, y regresa al lugar en la naturaleza de donde partiste a través del medio por el cual llegaste a la constelación. Toma tres respiraciones profundas y abre tus ojos con suavidad. Anota en tu cuaderno o tu diario espiritual todo aquello que hayas observado y toda la información que hayas recibido.

APRENDIZAJES KÁRMICOS DURANTE EL MES ZODIACAL DE CÁNCER

- Desarrollar tu intuición y percepción para eventualmente permitir que guíen tus decisiones y acciones.
- Diferenciar entre brindar apoyo y guía, y sobreproteger.
- Además de la nutrición física para tu cuerpo físico, aprender cómo «alimentar» saludablemente a tus cuerpos emocional y mental.
- Aprender a equilibrar intelecto e intuición sin permitir que la emoción te nuble.
- Conocer tu árbol familiar y tus tradiciones, logrando arraigo e identidad personal.
- Aprender a valerte por ti mismo(a) sin necesidad de depender de otros.
- Desarrollar tus capacidades psíquicas de manera inteligente, sin perderte en el «bosque astral».

1. ¿Qué aprendizajes kármicos de Cáncer son aplicables a tu vida?

2. ¿Algunos de estos aprendizajes te son particularmente difíciles de manejar? ¿Por qué?

3. ¿Con cuáles aprendizajes te identificas más?

CUESTIONARIO PERSONAL PARA MANIFESTAR LAS ENERGÍAS DE CÁNCER

- ¿Manejas adecuadamente tus respuestas emocionales y tu vida?
- ¿Amas tu hogar, lo embelleces y haces el esfuerzo por convertirlo en tu refugio personal?
- ¿Escuchas a tu intuición o tu voz interior al tomar decisiones?
- ¿Te es posible participar en discusiones y debates de manera equilibrada, lógica y razonable, reconociendo tus derrotas tanto como tus éxitos?
- ¿Eres quien siempre trata de proteger a los miembros de tu familia o tu grupo de amigos?
- ¿Eres previsor y estás siempre preparado para cualquier eventualidad, especialmente en lo que a provisiones para el hogar se refiere?
- ¿Eres suave y amable en tu interior, aunque a veces muestras una «cáscara» auto-protectora más dura?
- ¿Eres tenaz y perseverante para alcanzar tus metas?

AFIRMACIONES PARA MANIFESTAR LAS CUALIDADES DE CÁNCER

Nota clave esotérica para las energías de Cáncer: «Construyo una casa iluminada y en ella habito».

Las afirmaciones pueden ser utilizadas como pensamientos simiente para meditaciones diarias, especialmente durante el mes zodiacal del signo. Puedes meditar con cada una de ellas un día a la vez, o tantos días por afirmación como encuentres conveniente.

- Soy quien nutre y protege.
- Mi meta es expresar mi amabilidad, compasión y sensibilidad de maneras positivas y útiles.
- Al aislarme en ocasiones de los demás y estar en soledad conmigo mismo(a), puedo reflexionar y asimilar todas mis experiencias.
- Al entrar en contacto periódicamente con mi interior, puedo tomar decisiones sabias y compasivas.
- Comprendiendo que el mundo puede ser un lugar duro, empatizo con los retos y problemas de otras personas.
- Gracias a mi naturaleza sensible, las dificultades de la vida me inspiran para tomar pasos positivos para ayudar a través de la sanación, la oración y el servicio.
- Gracias al contacto con mi ser espiritual y mis habilidades psíquicas, logro la fortaleza que me protege de las emociones y los problemas de otros.
- Aprendo a dejar el pasado en el pasado, desarrollando desapego que me permite evitar juzgar, construyendo un proceso sanador hacia el futuro.

MEDITACIÓN ESOTÉRICA

(De «Sabiduría del Zodíaco» de Torkom Saraydariam)

1. Siéntate, relájate y cierra los ojos.

2. Pronuncia tres OMs.

3. Pronuncia la Gran Invocación:

   Desde el punto de Luz en la Mente de Dios,
   Que afluya luz a las mentes de los hombres,
   Que la Luz descienda a la tierra.

   Desde el punto de Amor en el Corazón de Dios,
   Que afluya amor a los corazones de los hombres,
   Que Cristo retorne a la Tierra.
   Desde el centro donde la Voluntad de Dios
   es conocida,
   Que el propósito guíe las pequeñas voluntades
   de los hombres –
   El propósito que los Maestros conocen y sirven.

   Desde el centro de lo que llamamos la raza de
   los hombres,
   Que se realice el Plan de Amor y de Luz
   Y selle la puerta en donde se halla el mal.

   Que la Luz, el Amor y el Poder restablezcan el
   Plan en la Tierra.

4. Pronuncia el siguiente mantram:

Condúcenos, oh, Señor,
De la oscuridad a la Luz,
De lo irreal a lo Real,
De la muerte a la Inmortalidad,
Del caos a la Belleza

5. Medita sobre lo siguiente:
   - ¿Cuál es y dónde está tu verdadera Casa?
   - ¿Está construida?
   - ¿Dónde está el hogar de tus cuerpos y tu personalidad?
   - ¿Dónde está el hogar de tu alma?
   - ¿Dónde está el hogar de tu Espíritu?
   - ¿Está construido?

6. Pronuncia: «Amor a todos los Seres» y visualiza una luz amorosa que cubre a todo el planeta y a todos los seres que lo habitan.

7. Pronuncia el Mantram de la Unificación:
   Los hijos de los hombres son uno y yo soy
   uno con ellos.
   Trato de amar y no odiar;
   Trato de servir y no exigir Servicio;
   Trato de curar y no de herir.
   Que el dolor traiga la debida recompensa
   de luz y amor.

Que el alma controle la forma externa,
La vida y todos los acontecimientos,
Y traigan a la luz el Amor que subyace
en todo cuanto ocurre en ésta época.
Que venga la visión y la percepción interna.
Que el porvenir quede revelado.
Que la unión interna sea demostrada.
Que cesen las divisiones externas.
Que prevalezca el amor.
Que todos los hombres amen

CONCLUSIONES

- ¿Cómo resumirías las energías de Cáncer?
- ¿Qué cualidades de Cáncer consideras más importantes para el éxito en tu vida? ¿Por qué?
- ¿Cuál es tu plan de acción para las siguientes semanas (e incluso meses) para alcanzar las cualidades de Cáncer que consideras de utilidad para tu vida?

5

LEO:
VALOR, LIDERAZGO Y CONCIENCIA

22 julio – 22 agosto

RESUMEN DE CARACTERÍSTICAS

El mes de Leo te trae la oportunidad para desarrollar las siguientes características:

Palabras clave: Auto-expresión, creatividad, reconocimiento, dramatismo, hobbies, liderazgo, amor, placer, diversión, hospitalidad, apertura, apreciación, capacidad lúdica, entretenimiento.

- ¿Cuáles de estas energías necesitas desarrollar para mejorar tu progreso personal? ¿Por qué?

Cualidades a aprovechar: Magnánimo, generoso, creativo, entusiasta, buen organizador, líder, abierto, expansivo, compasivo, fiel, fogoso, motivador, carismático, entusiasta, tiene sentido de lo espectacular y del dramatismo.

Debilidades a trabajar: Dogmático, impositivo; ampuloso, propenso a la afectación, intolerante, inflexible, de ideas fijas; paternalista, ansioso de poder; vanidoso, orgulloso, egocéntrico, mandón.

Para poder liberarte de las debilidades de Leo, identifica las cualidades opuestas que necesitarías desarrollar. ¿Qué debilidades de Leo encuentras en tus actitudes que te convendría eliminar y cuál es la cualidad contraria que puedes utilizar para este propósito?

- Debilidad: ....
- Cualidad a consolidar: ....

Elemento: Fuego – símbolo de energía, acción y creatividad.

Qué tomar de Leo: Leo es el fuego fijo. Sabe cómo perseverar y hacerse respetar al convertirse en una fuerza creativa firme y enfocada. Le gusta liderar y ser notado. Por lo tanto, aprender que el verdadero liderazgo es hacer lo mejor para aquellos a quienes se lidera es una de las lecciones más importantes para Leo. Debe recordar que el líder viene a servir y no a ser servido. El verdadero liderazgo influye e inspira, no impone.

¿En qué áreas de tu vida estás siendo inflexible y/o impositivo(a)? ¿Con tu familia, tu pareja, tus hijos, tus compañeros de trabajo? ¿Qué acción puedes tomar en los siguientes días para equilibrar esa actitud?

- Área: ....
- Acción: ....

CUALIDAD ESOTÉRICA: VALOR, VALENTÍA

Cada signo zodiacal cuenta con una cualidad esotérica que, al desarrollarla, facilita la asimilación de las energías de la constelación. En el caso de Leo, la cualidad es el VALOR.

La cualidad esotérica de Leo es el Valor, pero no debes confundir esta cualidad con enfrentarte a los demás e imponerte por la fuerza o la agresión. El verdadero Valor está en enfrentar tus propios temores, entrar a lo más profundo de tu ser y enfrentarte a tu sombra, a lo que no te gusta de ti, para vencerla. La luz solar de Leo te pide iluminar esa zona oscura que guarda todo aquello que te impide avanzar hacia el Alma. La persona valiente es la que decide verse al espejo espiritual tal como es para poder cambiar aquello que le afea y ensombrece. Ello no es fácil, pues tienes que encarar los eventos, frustraciones, temores, decepciones, cóleras, creencias y demás limitaciones originadas en el pasado, con la luz de la verdad y la transparencia, y sacar a relucir el Valor leonino que te permitirá triunfar sobre tu oscuridad. Sólo así serás realmente valiente.

Para trabajar la cualidad de este mes, elige alguna situación que ha quedado inconclusa debido a que preferías no enfrentarla. Analízala y define a qué se debe que te de temor resolverla, cuál es ese temor al que necesitas enfrentarte, cómo lo aprendiste y con quién lo aprendiste. Luego, define las alternativas para enfrentar ese temor y resolver lo pendiente.

- Situación pendiente / No resuelta
- ¿Qué temor te limita y te detiene?
- ¿Cuándo aprendiste a sentir ese temor?
- ¿De quién /con quién lo aprendiste?
- ¿Cuáles son las acciones que necesitas tomar?

Puedes desarrollar este análisis para otras situaciones que hasta el momento no resuelves, o para decisiones que no tomas y que sabes que traerían buenos efectos a tu vida. Evalúa cada situación, descubre qué temor se esconde detrás, y enfréntalo con valor leonino para dejarlo de lado y continuar avanzando en tu proceso personal.

APRENDIZAJES PARA LEO

Qué es lo que la energía de Leo te pide aprender:

- Cómo lograr atención, respeto y lealtad, especialmente en ambientes grupales.
- Cómo ser lo más sincero(a), honorable y confiable posible.
- Cómo aprender a liderar tus hábitos físicos, emocionales y mentales para que ellos no te lideren, y puedas mantenerlos controlados.
- Cómo desarrollar, presentar y proyectar una imagen noble, única y que genere buena impresión.
- Cómo lograr equilibrio entre dedicarte a aquellos que amas y tus propias actividades personales.
- Cómo enseñar a otros cómo vivir la vida al máximo en todo tipo de emprendimientos y proyectos creativos, y especialmente en temas de pareja.
- Cómo usar el humor, la generosidad y el perdón como herramientas efectivas y prácticas.
- Cómo disfrutar de cada momento, incluyendo aquellos que pueden demandar trabajo esforzado.

Revisa los aprendizajes enumerados arriba y evalúa cuántas de estas condiciones estás esforzándote por cumplir, y cuáles necesitas trabajar aún.

- En desarrollo: ....
- Necesito trabajar más: ....
- ¿Qué harás en los próximos días para acercarte más a las metas de aprendizaje?

MEDITACIÓN SUGERIDA PARA DESARROLLAR LA CREATIVIDAD DE LEO

La intención de crecer como una semilla está en el corazón de la creatividad.

El reto de vivir la vida es el reto de recapturar el sentido de aventura, espontaneidad y capacidad lúdica que los niños naturalmente poseen. Los niños ven una situación y hacen preguntas y comentarios que pueden influir incluso sobre los adultos que pensaban que lo sabían todo sobre la situación, aprendiendo algo completamente nuevo sobre ella.

Aun cuando esta meditación puede parecer simple, si realmente la efectúas con conciencia, descubrirás que es realmente poderosa. Recuerda que para cambiar tu vida de manera verdadera, debes comenzar desde donde estás, examinando la situación y tomando los riesgos que implica efectuar los cambios necesarios. Aplica estas sugerencias y tu recompensa será un enfoque transparentemente creativo de la vida. Ten a la mano lápiz y papel para anotar tus descubrimientos:

- Elige una situación o actitud de tu vida que consideres necesario cambiar.
- Observa tu situación como si la estuvieras viendo por primera vez.
- No asumas que lo sabes todo. Por el contrario, cuestiónalo todo con la valentía del niño, sin tener temor de traer a la superficie respuestas que podrían no gustarte.
- Pregúntate: ¿Qué está realmente sucediendo?
- ¿Cómo está afectándote la situación que quieres cambiar creativamente?
- Si pudieras tener una varita mágica y hacer que cualquier cosa suceda, ¿cómo quisieras que fueran las cosas?
- ¿Qué está evitando que las cosas sean de esa manera, la manera en la que quisieras que sucedieran?
- ¿Qué se puede hacer para poner en práctica los cambios necesarios para eliminar aquello que te está obstaculizando?
- Obsérvate haciendo lo que necesita hacerse. Toma nota de lo que ves en el ojo de tu mente, y ponlo por escrito.

- Si no puede hacerse nada más, ¿por qué es así?
- ¿No hay alguna otra forma de llegar al objetivo?
- ¿Es tu deseo de cambiar realmente lo más conveniente para ti?
- Si lo es, y estás dispuesto a hacer lo necesario para ello, entonces necesitas separar tu intención de tu atención. En otras palabras, no te quedes apegado(a) pensando en la manera en que vas a remontar los obstáculos que se encuentran presentes. Deja que tu mente subconsciente haga el trabajo sin interferencia. Envíale la información que has encontrado respondiendo a los puntos previos y luego déjala libre para que haga su parte y te envíe la respuesta que necesitas. Te sorprenderás cuando un «flash» creativo de inspiración llegue a ti y te dé la solución sobre cómo proceder.

1. ¿Qué dificultades has encontrado en el desarrollo de la meditación?
2. ¿Qué creencias pueden estar influyendo en estas dificultades?
3. ¿De qué manera puedes superar estas creencias?

RITUAL ZODIACAL PARA LA AUTOESTIMA

Y PARA SANAR EL CORAZÓN

Necesitarás un aceite o spray aromático con fragancia de rosas, y una vela dorada o amarilla. Cuando estés listo(a) para iniciar tu ritual, siéntate frente a la vela (pero a una distancia razonable) y ten a la mano la fragancia de rosas.

Calma tu respiración. Inhala con tranquilidad por la nariz en siete tiempos (cuenta del uno al siete) y exhala por la boca también en siete tiempos. Repite esta respiración rítmica dos veces más (tres respiraciones rítmicas de siete tiempos cada una en total).

Cuando inhales, visualiza que tus pulmones se llenan con la luz cálida y dorada de la vela. A medida que exhalas, visualiza que en la exhalación se van tus frustraciones, tu cólera, dolor, tristeza, temor y cualquier otra barrera que te separa del resto del mundo.

Ahora, totalmente relajado(a) y en paz contigo mismo(a), visualiza una luz dorada que proviene de la vela y se expande como una esfera luminosa, cubriéndote y envolviéndote en su resplandor cálido.

Coloca una gota del aceite de rosas o esparce un poco del spray aromático en cada uno de tus chakras: corona, tercer ojo, garganta, corazón, plexo solar, sacro y raíz. A medida que aromatizas cada chakra, pronuncia lo siguiente:

«Me honro, amo y respeto a mí mismo(a)».

Frota una pequeña cantidad de la fragancia alrededor de tus fosas nasales para que inhales el aroma con cada respiración. Mientras lo haces, pronuncia nuevamente:

«Me honro, amo y respeto a mí mismo(a)».

Coloca una gota del aceite de rosas o esparce un poco del spray aromático en las palmas de tus manos, y luego frótalas pronunciando:

«Me honro, amo y respeto a mí mismo(a)».

Coloca tus manos abiertas frente a tu nariz e inhala el aroma, diciendo:

«Me honro, amo y respeto a mí mismo(a)».

A medida que inhalas el aroma, mantén tus ojos cerrados y enfócate mentalmente en tus aspiraciones, tus metas y tus deseos, susurrándolos hacia las palmas de tus manos. Recuerda continuar inhalando el aroma a medida que respiras. Continúa con este proceso por unos minutos (no más de cinco), enfocándote en el aroma y en susurrar tus deseos, sueños, aspiraciones y metas hacia tus manos.

Cuando hayas terminado, coloca las palmas de tus manos en posición de oración (Namasté). Estás ahora sosteniendo tus aspiraciones, deseos y sueños en tus manos. Lleva tus manos a tu Chakra Corazón y absorbe esta energía visualizando que tu Corazón irradia una luz dorada. Siéntate o permanece de pie en actitud relajada, respirando con profundidad, percibiendo el aroma y sintiendo cómo el aire perfumado llena tu pecho y tu Corazón.

Si pudieras decirle a tu Corazón una cosa positiva en este momento:

- ¿Cuál sería? ....
- ¿Qué te respondería tu Corazón? ....

Escúchalo por unos momentos y luego concluye tu ritual.

1. ¿Qué situaciones en tu vida te producen una disminución en tu autoestima?

2. ¿Qué temores pueden estar detrás de estas situaciones?

3. ¿De qué manera puedes superar estos temores?

4. ¿Qué imagen deseas construir de ti mismo(a)? ¿Cómo puedes encaminarte hacia ello?

5. ¿Qué sentimientos te produce realizar este ritual?

MEDITACIÓN: VIAJE ESTELAR

INTRODUCCIÓN:

Pon en práctica los pasos sugeridos en la introducción de meditación estelar en la sección de Aries para relajar cuerpo, emociones y mente, y luego procede según lo siguiente:

- Imagina que subes hacia los planos superiores y llegas hasta la constelación de Leo. Toma nota de cualquier cosa, símbolo o imagen que veas en el camino.
- En la constelación hay una estrella brillante que te llama y te acercas a ella. En su centro encuentras a un hermoso león que porta una corona. Está descansando debajo de un árbol frondoso y presenta una imagen de fuerza y dignidad, pero la energía que emana es a la vez amoroso y cálida.
- El león se percata de tu presencia y te pide que te acerques. Te sientas frente a él y te ofrece su corona, preguntándote si deseas portarla. ¿Qué te gustaría preguntarle con relación a lo que necesitas para poder llevar esa corona?

1. Pregúntale cuáles son las cualidades que él considera necesarias para poder portar esa corona. ¿Qué te responde?

2. Pregúntale cómo puede ayudarte Leo para desarrollar esas cualidades. ¿Qué te responde?

3. Pregúntale en qué situaciones podrías mostrar una mayor capacidad de liderazgo y en qué otras estás mostrándote muy impositivo(a).

- o Necesidades de mayor liderazgo: ....
- o Necesidad de menor imposición: ....
- ¿Qué otras preguntas le harías? ....
- ¿Qué te responde? ....

Finalmente, agradécele por su apoyo y consejos, y regresa al lugar en la naturaleza de donde partiste a través del medio por el cual llegaste a la constelación. Toma tres respiraciones profundas y abre tus ojos con suavidad. Anota en tu cuaderno o tu diario espiritual todo aquello que hayas observado y toda la información que hayas recibido.

APRENDIZAJES KÁRMICOS DURANTE EL MES ZODIACAL DE LEO

- Aprender a actuar desde el corazón.

- Desarrollar liderazgo, no por poder o ego sino para el servicio a los demás.

- Convertirte en un «Sol», constantemente irradiando tu calidez vivificante hacia tu entorno.
- Aprender que uno de los secretos de la vida es que no estamos aquí para buscar amor sino para darlo.
- Aprender a irradiar tu magnetismo y tu esencia de manera creativa, logrando individualidad e identidad.
- Descubrir quién verdaderamente eres.
- Encontrar el área o actividad en la que puedas realmente brillar y hacer la diferencia.
- Cultivar humildad y manifestar verdadero amor hacia la humanidad.

1. ¿Qué aprendizajes kármicos de Leo son aplicables a tu vida?
2. ¿Algunos de estos aprendizajes te son particularmente difíciles de manejar? ¿Por qué?
3. ¿Con cuáles aprendizajes te identificas más?

CUESTIONARIO PERSONAL PARA MANIFESTAR LAS ENERGÍAS DE LEO

1. ¿Eres una persona creativa? ¿De qué maneras demuestras tu creatividad?
2. ¿Dejas fluir libremente la energía de tu niño(a) interior? ¿Hay alguna área de tu vida que es alegre y desinhibida?
3. ¿Sostienes una posición de liderazgo, o una posición que te permite estar en el centro de la atención?
4. ¿Respondes a otros de una manera amorosa y magnánima?
5. ¿Eres valiente cuando enfrentas retos de vida? A pesar de que podrías a veces sentir temor, ¿te enfrentas de todos modos?
6. ¿Tienes una vitalidad y magnetismo fuertes?
7. ¿Tomas decisiones basadas en tu corazón tanto como en tu intelecto?
8. ¿Eres leal a tus propios ideales? ¿Eres leal con los demás y los ayudas a expresar sus talentos?

AFIRMACIONES PARA LAS CUALIDADES DE LEO

Nota clave esotérica para las energías de Leo: «Yo soy Ese, Ese soy Yo».

Las afirmaciones pueden ser utilizadas como pensamientos simiente para meditaciones diarias, especialmente durante el mes zodiacal del signo. Puedes meditar con cada una de ellas un día a la vez, o tantos días por afirmación como encuentres conveniente.

1. Soy el líder compasivo y valiente.
2. Mi meta es tomar decisiones sabias basadas en mi corazón tanto como en mi intelecto.
3. Con mi perspectiva amplia de la vida, soy capaz de ver el panorama completo.
4. Tengo consciencia de mí mismo(a) y sé que otras personas no siempre me comprenden o me aprueban, pero tengo la suficiente auto-confianza para saber que mi rol es comprender y amar, no buscar comprensión y amor de otros.
5. Tomo responsabilidad por todos aquellos que estén bajo mi cuidado y les ayudaré a crecer y florecer.

6. Estoy aquí para dar, no para recibir, pero también sé que cuanto más doy, tanto más recibiré exactamente según lo que necesito.

7. No me distraigo con pequeñeces, pues ello disipa mi vitalidad y nubla mi juicio.

8. Aprendo sobre los aspectos elevados de esa gran energía llamada Amor que puede transformar el mundo.

MEDITACIÓN ESOTÉRICA

(De «Sabiduría del Zodíaco» de Torkom Saraydarian)

1. Siéntate, relájate y cierra los ojos.

2. Pronuncia la Gran Invocación:

Desde el punto de Luz en la Mente de Dios,
Que afluya luz a las mentes de los hombres,
Que la Luz descienda a la tierra.

Desde el punto de Amor en el Corazón de Dios,
Que afluya amor a los corazones de los hombres,
Que Cristo retorne a la Tierra.

Desde el centro donde la Voluntad de Dios es conocida,
Que el propósito guíe las pequeñas voluntades
de los hombres —
El propósito que los Maestros conocen y sirven.

Desde el centro de lo que llamamos la raza
de los hombres,
Que se realice el Plan de Amor y de Luz
Y selle la puerta en donde se halla el mal.

Que la Luz, el Amor y el Poder restablezcan el Plan en la Tierra.

Esto coordina, integra y sincroniza los tres vehículos de la personalidad. Si estás en algún un grupo, facilitará la toma de conciencia del grupo como un todo, creando un campo magnético en el lugar de reunión.

3. Pronuncia tres OMs. Esto eleva la vibración de la consciencia y el aura.

4. Pronuncia: «Salutaciones al Dador de Luz». Eleva tu corazón al Uno Todopoderoso Desconocido.

5. Visualiza al sol físico, irradiando su energía dadora de salud y vitalizadora, dentro de todo tu sistema, esparciéndose por todo tu cuerpo y órganos. No te concentres en ningún lugar del cuerpo en particular. Sólo trata de absorber la energía en tu cuerpo, cargándolo y purificándolo. Siéntete energizado y elevado por los rayos del sol.

6. Visualiza un disco azul detrás del sol, el cual es la fuente de amor y alegría que viene hacia tu consciencia. Esta es la energía proveniente del Corazón

del Sol. Extrae la alegría y el amor hacia tu sistema y energiza tu consciencia con esa energía.

7. Visualiza un disco de una llama naranja detrás del disco azul, irradiando la energía de victoria hacia tu sistema y dentro de tu alma. Escudado y cargado con esa energía, comprende que vas a ser un ser humano victorioso, un triunfador en la luz.

8. Decide usar esa energía para el servicio, para la alegría y el amor, para esforzarte hacia la perfección.

9. Pronuncia la siguiente invocación:
Condúcenos, oh, Señor,
De la oscuridad a la Luz,
De lo irreal a lo Real,
De la muerte a la Inmortalidad,
Del caos a la Belleza.

CONCLUSIONES

1. ¿Cómo resumirías las energías de Leo?

2. ¿Cuáles cualidades de Leo consideras más importantes para el éxito en tu vida? ¿Por qué?

3. ¿Cuál es tu plan de acción para las siguientes semanas (e incluso meses) para alcanzar las cualidades de Leo que consideras de utilidad para tu vida?

6

VIRGO:
ANÁLISIS Y PUREZA

23 agosto – 22 setiembre

RESUMEN DE CARACTERÍSTICAS

El mes de Virgo te trae la oportunidad para desarrollar las siguientes características:

Palabras clave: Energía, pensamiento, observación, estudio, discernimiento, división en las partes componentes, criticismo, razón, lógica, conexión, adaptación, salud.

- ¿Cuáles de estas características necesitas desarrollar para mejorar tu proceso de desarrollo personal? ¿Por qué?

Cualidades a aprovechar: Selectivo, analítico, meticuloso; modesto, ordenado; pulcro, interesado en la salud, amante de la limpieza.

Debilidades a trabajar: Nervioso, aprehensivo, hipercrítico, excesivamente quisquilloso y detallista; muy convencional, remilgado.

Para poder liberarte de las debilidades de Virgo, identifica las cualidades opuestas que te ayudarán a superarlas. ¿Qué debilidades de Virgo encuentras en tus actitudes que te convendría eliminar y cuál es la cualidad contraria que puedes utilizar para este propósito?

- Debilidad: ....
- Cualidad a consolidar: ....

Elemento: Tierra – símbolo de la sustancia, la practicidad y el arraigo.

Qué tomar de Virgo: Virgo es la tierra mutable. Sabe cómo ser de servicio y cómo revisar, arreglar, editar y ajustarse a las circunstancias. Virgo puede ser muy crítico y analítico. Por lo tanto, aprender a ser consciente de tu perfeccionismo es una de las principales lecciones del mes de Virgo, ya sea porque te excedes en ello, o porque te convendría utilizar un poco de esta característica.

¿En qué áreas de tu vida estás siendo perfeccionista y te dejo llevar en exceso por el detalle? Por el contrario, ¿hay alguna área de tu vida que necesite de mayor pulcritud y detalle? ¿En tu vida familiar, tus relaciones de pareja, tu salud, tu trabajo, la dirección que le quieres dar a tu vida?¿Qué acción puedes tomar en los siguientes días para equilibrar esa actitud?

- ¿Hay exceso o defecto de nivel de detalle?
- Área: ....
- Acción: ....

CUALIDAD ESOTÉRICA: SOLEMNIDAD

Cada signo zodiacal cuenta con una cualidad esotérica que, al desarrollarla, facilita la asimilación de las energías de la constelación. En el caso de Virgo, la cualidad es la SOLEMNIDAD.

La cualidad esotérica de Virgo es la solemnidad. Esta virtud no se refiere a una actitud fría y rígida, desprovista de toda calidez y alegría. No es tampoco actuar de manera dramática y adusta. La solemnidad implica, por el contrario, darle a cada situación la importancia que se merece y tomar con responsabilidad las cosas que así lo ameritan. Hay momentos para la diversión y hay también momentos para manejarte con madurez y seriedad. La solemnidad te pide aproximarte a cada evento con el respeto necesario y darle el sentido sagrado a todo aquello que lo requiere. Implica saber comportarte de acuerdo a cada ocasión. Ser solemne es poder ver la manifestación divina en todo aquello que existe, dándote cuenta de que la divinidad se encuentra presente en cada expresión de vida.

Para trabajar la cualidad de este mes, elige alguna situación a la que no le has dado la suficiente importancia, y quizá no has puesto suficiente atención a los detalles o has pasado por alto puntos importantes de los que luego te percataste. Analízala y define a qué se debe que no prestaste la atención necesaria, qué es lo que te distrajo, y cómo/con quién aprendiste a no prestar atención. Luego, define las alternativas para enfrentar estas actitudes y mejorar tu capacidad de darle a cada evento la atención que merece.

- Evento: ....
- Razones: ....
- Acciones a tomar: ....

Puedes desarrollar este análisis para otras situaciones que hasta el momento no resuelves, o para decisiones que no tomas y que sabes que traerían buenos efectos a tu vida. Evalúa cada situación, descubre qué creencia se esconde detrás, y enfréntalo con el análisis de Virgo para dejar la mencionada creencia de lado al comprender que siempre tendrás una forma de resolver exitosamente la situación.

APRENDIZAJES PARA VIRGO

Qué es lo que la energía de Virgo te pide aprender:

- Cómo utilizar tus capacidades analíticas sin caer en excesos y sin llegar a la preocupación y el perfeccionismo.
- Cómo desarrollar practicidad y hacer frente a los temores que te pueden llevar a ser poco práctico(a).
- Cómo evitar que el excesivo análisis, las dudas sobre ti mismo(a) y la autocrítica obstaculicen tu proceso de «gestar» tu progreso.
- Cómo desarrollar la suficiente paciencia para «gestar» los procesos que inicies, dándoles el tiempo que necesitan.
- Cómo desarrollar hábitos saludables de alimentación, ejercicio físico y arreglo personal.
- Cómo utilizar tu sentido del humor para tomar los eventos de manera más ligera y aliviar la ansiedad en ti mismo(a) y en los demás.
- Cómo evaluarte y desarrollar una crítica positiva y útil hacia ti mismo(a) y hacia los demás sin ser muy duro(a) o pedante.

- Cómo esforzarte por evitar contaminarte con emociones y pensamientos densos para mantener tu pureza interior.

Revisa los aprendizajes enumerados arriba y evalúa cuántas de estas condiciones estás esforzándote por cumplir, y cuáles necesitas trabajar aún.

- En desarrollo: ....
- Necesito trabajar más: ....

- ¿Qué harás en los próximos días para acercarte más a las metas de aprendizaje?

MEDITACIÓN SUGERIDA PARA MANEJAR LA TENDENCIA HACIA EL PERFECCIONISMO

Virgo puede usualmente estar tan enfocado en las minucias de una situación que olvida examinar el panorama global. Podría incluso olvidar que en el pasado ha superado su perfeccionismo y ha logrado muchas cosas que pensaba que no podía lograr.

Para trabajar esta tendencia que puede actuar como un obstáculo:

- Siéntate con comodidad y toma conciencia de tu respiración hasta que alcances un estado de relajación.
- Recuerda un momento en el que creíste que no eras capaz de lograr algo ya que no podías hacerlo a la perfección, pero a pesar de ello, tomaste acción y lo lograste.
- Permite que este recuerdo te dé un incremento de fortaleza. Recuerda cómo te sentiste luego de lograr tu objetivo.
- ¿Qué cambió? La tarea era la misma, tú eras la misma persona. Pero cambiaste lo que pensabas que podías hacer y te sentiste capaz de ello.
- Imagínate luego como un héroe o heroína que rescata a una persona que ha sido atrapada debajo de una construcción que se ha derrumbado.
- Imagina que utilizas toda tu fuerza para levantar los escombros y rescatarla.
- Identifica luego esos escombros como las limitaciones que te hacen pensar que no puedes alcanzar tus logros al creer que necesitas hacerlo a la perfección.
- Medita por unos momentos sobre el pensamiento: «Lo perfecto es enemigo de lo bueno». ¿Qué significa para ti? ¿Cómo puedes aplicarlo en tu vida?
- Repite interiormente: «Aquél que conquista a otros es fuerte. Aquél que se conquista a sí mismo es poderoso».

- Visualízate siendo felicitado por tus amigos, familiares, compañeros, por los logros que estás obteniendo en tu vida.
- Siente la convicción de saber que, si haces tu mejor esfuerzo, ello será más que suficiente y te permitirá alcanzar tus objetivos.

1. ¿Qué dificultades has encontrado en el desarrollo de la meditación?
2. ¿Qué creencias pueden estar influyendo en estas dificultades?
3. ¿De qué manera puedes superar estas creencias?

RITUAL ZODIACAL PARA LA PURIFICACIÓN

Diariamente nos vemos expuestos a eventos que pueden causarnos irritación y pueden reducir nuestra vitalidad. Este ritual de purificación puede desarrollarse en cualquier momento en que nos sintamos bajos de energías, cansados o afectados negativamente, para promover una limpieza integral en nuestro ser.

Necesitaremos:
- Aire: incienso (de preferencia de salvia)
- Fuego: una vela plateada o gris
- Tierra: sal (de preferencia marina)
- Agua: un recipiente mediano lleno de agua

Cuando estés listo(a), enciende la vela y el incienso. Medita por unos minutos a medida que el aroma del incienso llena la habitación. Cada vez que exhales, relájate un poquito más. Cuanto más relajado(a) estés, mejor fluirá la energía y más fácil será purificar tu ambiente.

Una vez que te sientas relajado(a), inicia tu ritual.

Limpieza de elementos

- Coloca tus manos sobre el incienso y di: «con el aire me limpio a mí mismo(a)». Deja que el humo del incienso envuelva tus dedos por unos momentos. Siente las propiedades limpiadoras de la salvia penetrándote.
- Luego sostén tus manos alrededor de la vela (a una distancia segura) y di: «con el fuego me limpio a mí mismo(a)». Visualiza la llama consumiendo cualquier cosa no deseada dentro de ti.
- Ahora toma la sal marina y deshazla entre tus dedos, frotándola suavemente sobre tus manos, pronunciando: «con la tierra me limpio a mí mismo(a)».
- Luego sumerge tus manos en el agua del recipiente, frotando suavemente tus manos, y di: «con el agua me limpio a mí mismo(s)».

- Siéntate en silencio por un momento mientras dejas que los elementos hagan su trabajo y tienes la convicción de haberte purificado.

1. ¿Qué situaciones en tu vida te producen contaminación a nivel físico, emocional, mental?
2. ¿Qué actitudes tuyas pueden estar detrás de estas situaciones?
3. ¿De qué manera puedes superar o cambiar estas actitudes?
4. ¿Qué imagen purificadas deseas construir de ti mismo(a)? ¿Cómo puedes encaminarte hacia ello?
5. ¿Qué sentimientos te produce realizar este ritual?

MEDITACIÓN: VIAJE ESTELAR

INTRODUCCIÓN:

Pon en práctica los pasos sugeridos en la introducción de la meditación estelar en la sección de Aries para relajar cuerpo, emociones y mente, y luego procede según lo siguiente:

- Imagina que subes hacia los planos superiores y llegas hasta la constelación de Virgo. Toma nota de cualquier cosa, símbolo o imagen que veas en el camino.

- En la constelación hay una estrella brillante que te llama y te acercas a ella. En su centro encuentras una montaña y en la base de la montaña hay una cueva. Entras en la cueva y encuentras a un anciano en actitud meditativa.
- Acércate a él y permanece por unos momentos en su presencia. Toma nota de cualquier impresión o imagen que puedas observar en la cueva.

1. Pregúntale qué necesitas para purificar los tres planos de tu personalidad (físico, emocional, mental). ¿Qué te responde?
2. Pregúntale qué aprendizajes necesitas integrar con relación al manejo del dinero y de las cosas materiales. ¿Qué te responde?
3. Pregúntale en qué situaciones de tu vida necesitas mostrar más transparencia y honestidad, y cómo puedes lograrlo.

o Necesidades de transparencia y honestidad:
o Acciones a tomar para lograrlo:
- ¿Qué otras preguntas le harías?
- ¿Qué te responde?

Finalmente, agradécele por su apoyo y consejos, y regresa al lugar en la naturaleza de donde partiste a través del medio por el cual llegaste a la constelación. Toma tres respiraciones profundas y abre tus ojos con suavidad. Anota en tu cuaderno o tu diario espiritual todo aquello que hayas observado y toda la información que hayas recibido.

APRENDIZAJES KÁRMICOS DURANTE EL MES ZODIACAL DE VIRGO

1. Desarrollar claridad de discernimiento, aprendiendo a priorizar.
2. Aprender a identificar el apoyo y servicio hacia aquellos que merecen la ayuda y la utilizarán apropiadamente, y aquellos que la desperdiciarán y malgastarán.
3. Aprender a ver el lado divertido de las situaciones, incluso las desagradables.
4. Desarrollar autoanálisis y autocrítica honestas, reconociendo tanto los propios talentos y habilidades como las debilidades a mejorar.
5. Evitar la crítica excesiva, hacia ti mismo(a) y hacia otros.
6. Aprender a ser honesto y transparente, contigo mismo(a) y con los demás.
7. Comprender el concepto de «pureza» sin caer en excesos, especialmente con respecto a la limpieza y la pulcritud.
8. Aprender a ser amable y compasivo, enfocándote más en los logros y talentos, y menos en las debilidades y carencias.

9. Dedicar tiempo en tu agitada agenda para el descanso y la relajación.

- ¿Qué aprendizajes kármicos de Virgo son aplicables a tu vida?
- ¿Algunos de estos aprendizajes te son particularmente difíciles de manejar? ¿Por qué?
- ¿Con cuáles aprendizajes te identificas más?

CUESTIONARIO PERSONAL PARA MANIFESTAR LAS ENERGÍAS DE VIRGO

1. ¿Desarrollas alguna actividad que ofrezca una válvula de escape y relajación para tu mente crítica e incisiva?
2. ¿Te permites algún tiempo regular de descanso para bajar las revoluciones, relajarte y, en general, divertirte?
3. ¿Cuidas de ti y te nutres espiritualmente, tanto a ti mismo(a) como a otros?
4. ¿Brindas algún tipo de servicio o ayuda en beneficio de los demás?
5. ¿Estás involucrado(a) en algún tema de salud o en las artes sanadoras?
6. ¿Desarrollas actividades que involucran el cuerpo, la mente y el espíritu, tales como el yoga, la sanación, la oración o la meditación?

7. ¿En general, te mantienes sereno(a), calmado(a) y controlado(a)?
8. ¿Buscas la perfección en tu vida?

AFIRMACIONES PARA LAS CUALIDADES DE VIRGO

Nota clave esotérica para las energías de Virgo: «Soy la Madre y soy el Niño, soy Espíritu y soy Materia.»

Las afirmaciones pueden ser utilizadas como pensamientos simiente para meditaciones diarias, especialmente durante el mes zodiacal del signo. Puedes meditar con cada una de ellas. un día a la vez, o tantos días por afirmación como encuentres conveniente.

- Mi sendero en esta vida es el noble sendero del servicio.
- Tengo gran habilidad práctica y sentido común, a través de los cuales puedo dar buen consejo a otros y ayudarles en su proceso de vida.
- Mi mente alerta y hábil para discernir me permite ver todos los errores a corregir en los proyectos o en otras personas, pero utilizaré mi habilidad para mejorar y construir, no para destruir.
- Comprendo que todos estamos aquí para aprender y que ninguno de nosotros es perfecto.

- En esta vida, me esfuerzo en mejorar como persona y en mejorar mis habilidades, y promuevo la mejora en los demás sin generar dependencias o críticas.
- Asumo mi rol vital en apoyar y sanar a otras personas, y en ayudar para que nuestro mundo se convierta en un mejor lugar.

MEDITACIÓN ESOTÉRICA

(De «Sabiduría del Zodíaco» por Torkom Saraydarian)

1. Relájate, cierra tus ojos y pon una agradable sonrisa en tu rostro.

2. Empieza por enviar tu amor a tu madre, sea que tengas una buena relación con ella o no, aceptándola como quiera que ella sea. Pronuncia: «Madre, realmente te amo. Deseo recordarte en este período de Virgo». No importa si está viva o ya falleció. Envíale tu amor a tu madre.

3. Luego envía tu amor a la Madre del Mundo.

4. Pronuncia tres OMs.

5. Di lo siguiente: «Oh Madre del Universo, protege y guía a Tus hijos hacia la Belleza, Bondad y Luz, hacia la Alegría y la Libertad. Que Tu presencia abra la llama de compasión en nuestro corazón».

6. Pronuncia un OM.

7. Visualiza un arco iris. Piensa en el símbolo del arco iris: paz, armonía, ritmo, conexión y comunicación entre el cielo y la tierra. Trata de ver los colores.

8. Visualiza una rosa, una rosa grande y hermosa, quizá dorada en color, o del color que desees. Observa cómo se abre e irradia su fragancia. Huélela y mírala. Piensa en por qué la rosa es el símbolo de la Madre o la Mujer.

9. Ahora visualiza un cáliz, un hermoso cáliz de plata lleno de alegría. Bebe de él y piensa en la alegría. Esa es tu madre. Ahora piensa por algunos minutos: «Así como mi madre me amó, permíteme amar a la humanidad tal como ella me amó».

10. Pronuncia el siguiente mantram:

Que vengan la visión y la percepción interna,
Que el futuro quede revelado,
Que la unión interna quede demostrada
Que cesen las divisiones externas.
Que el amor prevalezca,
Que todos los hombres amen.

11. Pronuncia:

Más radiante que el sol,

Más puro que la nieve,
Más sutil que el éter
Es el Yo,
El espíritu en mi corazón.
Yo soy ese Yo.
Ese Yo soy yo.

12. Pronuncia un OM

CONCLUSIONES

1. ¿Cómo resumirías las energías de Virgo?
2. ¿Cuáles cualidades de Virg consideras más importantes para el éxito en tu vida? ¿Por qué?
3. ¿Cuál es tu plan de acción para las siguientes semanas (e incluso meses) para alcanzar las cualidades de Virgo que consideras de utilidad para tu vida?

7

LIBRA:
EQUILIBRIO Y RECTITUD

♎

23 setiembre – 22 octubre

RESUMEN DE CARACTERÍSTICAS

El mes de Libra te trae la oportunidad para desarrollar las siguientes características:

Palabras clave: Asociación, unión, sofisticación, buen gusto, yin y yang, equilibrio, cooperación, equidad, control de calidad, estética, armonía, romance, opiniones, diplomacia.

- ¿Cuáles de estas características necesitas desarrollar para avanzar en tu proceso personal? ¿Por qué?

Cualidades a aprovechar: Encantador, aprecia la armonía y las condiciones de vida placenteras; de naturaleza adaptable; romántico; diplomático; idealista; refinado.

Debilidades a trabajar: Indeciso, resentido; frívolo, variable, dado a la coquetería; se deja influenciar fácilmente por los demás; crédulo; oscilante entre dos extremos.

Para poder liberarte de las debilidades de Libra identifica las cualidades opuestas que te ayudarán a superarlas y haz el esfuerzo de desarrollar estas cualidades. ¿Qué debilidades de Libra encuentras en tus actitudes que te convendría eliminar y cuál es la cualidad contraria que puedes utilizar para este propósito?

- Debilidad: ....
- Cualidad a consolidar: ....

Elemento: Aire – símbolo de las ideas, el intelecto y la comunicación.

Qué tomar de Libra: Libra es el aire cardinal. Sabe cómo ser justo en sus relaciones y trabajará en busca de la justicia. Puede ser diplomático, pero también sorpresivamente agresivo. Por lo tanto, aprender cómo lograr un enfoque equilibrado y armonioso en la vida es una de las lecciones más importantes que te trae Libra.

¿En qué áreas de tu vida necesitas lograr más equilibrio? ¿Con tu familia, tu pareja, tus hijos, tus compañeros de trabajo? ¿Qué acción puedes tomar en los siguientes días para equilibrar esas relaciones?

- Área: ....
- Acción: ....

CUALIDAD ESOTÉRICA: RESPONSABILIDAD

Cada signo zodiacal cuenta con una cualidad esotérica que, al desarrollarla, facilita la asimilación de las energías de la constelación. En el caso de Libra, la cualidad es la RESPONSABILIDAD.

La cualidad esotérica de Libra es la Responsabilidad. Generalmente pensamos que esta cualidad conlleva rigidez y severidad, e implica imponer órdenes sobre los demás. La Responsabilidad, por el contrario, está relacionada con el cumplimiento de aquello que traerá bienestar a todos y de velar por el logro de los objetivos de una manera consciente y flexible. A veces es necesario adaptarte a nuevas circunstancias para poder cumplir con tus obligaciones. Pero, sobre todo, la Responsabilidad significa hacerte cargo de tus propias actitudes y de los efectos que ellas causan. Culpar a los demás o a cualquier evento externo de lo que tú mismo(a) puedes generar te aleja de la virtud indispensable de la Responsabilidad. El primer indicio de que el alma está despertando, es el sentido de Responsabilidad.

Para trabajar la cualidad de este mes, elige alguna situación en la que, por el temor que fuera, evitaste tomar tu responsabilidad para resolver algún conflicto o asunto. Analízala y define a qué se debe que preferiste evadir esa responsabilidad, qué temor generó en ti esta reacción, y cómo/con quién aprendiste a sentir dicho temor. Luego, define las alternativas para enfrentar estas actitudes y mejorar tu capacidad de manifestar responsabilidad.

- Evento: ....
- Temor: ....
- Acciones a tomar: ....

APRENDIZAJES PARA LIBRA

Qué es lo que la energía de Libra te pide aprender:

- Cómo desenvolverte por ti mismo(a) para desarrollar relaciones o asociaciones saludables, sin buscar dependencia.

- Cómo evitar idealizar en exceso tus objetivos para no caer en la indecisión al tratar de buscar ese ideal inexistente.
- Cómo encontrar un equilibrio entre tu deseo de que todo sea justo (incluyéndote a ti mismo(a)) y la realidad de la vida práctica en la que los eventos y las personas no siempre serán justos.
- Como desarrollar un equilibrio práctico entre las diferentes áreas de tu vida: trabajo y descanso, familia y amistades, sociabilidad y reclusión, mente y corazón, vida material y vida espiritual.
- Cómo permanecer calmado(a) y ser perseverante a pesar de que los eventos, las situaciones de vida y las personas en ocasiones podrían mostrarse carentes de armonía, o podrían mostrarse amenazantes.
- Cómo lograr una mejor comprensión y aceptación de las debilidades humanas de modo que puedas desarrollar relaciones equilibradas.
- Cómo manifestar belleza en todos los planos de tu personalidad: bellas acciones, bellas relaciones, bellas ideas.
- Cómo asimilar el hecho de que la definición de arte y belleza tiene significados diferentes para cada persona que tal vez no coincidan con la tuya.
- Cómo luchar por la paz, el amor, la justicia y la rectitud.

Revisa los aprendizajes enumerados arriba y evalúa cuántas de estas condiciones estás esforzándote por cumplir, y cuáles necesitas trabajar aún.

- En desarrollo: ....
- Necesito trabajar más: ....
- ¿Qué harás en los próximos días para acercarte más a las metas de aprendizaje?

MEDITACIÓN ZODIACAL PARA EL EQUILIBRIO

La meditación para el equilibrio de Libra está diseñada para conectarte con tus centros de energía o chakras, y equilibrarlos. Los altos y bajos de la vida diaria pueden sacarlos de balance natural y dejarte con una sensación de desarmonía. Esta meditación busca reestablecer esa armonía.

Busca una posición en la que te sientas cómoda(o) y toma unas cuantas respiraciones profundas. Luego cierra tus ojos y visualiza en tu mente el número uno (1). Imagínalo en un tono de rojo brillante. Lentamente inhala ese color rojo mientras cuentas hasta seis, retén el aire en tus pulmones a una cuenta de tres, y exhala lentamente a una cuenta de seis.

Mientras haces una pausa entre respiraciones por una cuenta de tres, visualiza el número dos coloreado en naranja. Inhala el color naranja contando hasta seis, retén la respiración a una cuenta de tres, y exhálalo lentamente contando hasta seis.

Haz una pausa entre respiraciones contando hasta tres y visualiza el número tres en un color amarillo. Inhala nuevamente este color contando hasta seis, retenlo contando hasta tres y exhálalo contando hasta seis.

Haz una nueva pausa de tres cuentas y visualiza ahora el número cuatro en verde, el color de la sanación. Inhala lentamente el color, retenlo y exhálalo, contado 6, 3, 6, respectivamente.

Haz una pausa entre respiraciones y visualiza ahora el número cinco en un hermoso color azul. Inhálalo lentamente, retenlo y exhálalo con la misma cuenta 6, 3, 6.

Pausa nuevamente durante tres cuentas, y visualiza el número seis en color azul índigo profundo. Inhala el color lentamente en seis tiempos, retenlo en tres y exhálalo en seis.

Haz otra pausa entre respiraciones y visualiza el número siete en un rico color violeta. Inhala el color lentamente en seis tiempos, retenlo en tres y exhálalo en seis.

Finaliza el ejercicio sintiendo tus centros de energía equilibrados y tu ser relajado y rejuvenecido.

RITUAL ZODIACAL PARA RESTABLECER EL EQUILIBRIO

Muchas veces sentimos que hay un desbalance de energías en nuestra vida. Algunas energías se encuentran en exceso mientras que carecemos de otras. Con el fin de restaurar un adecuado equilibrio, desarrolla el ritual que se describe a continuación.

Prepara una mesa pequeña en donde colocarás los cuatro elementos, uno en cada uno de los lados de la mesa, en el siguiente orden: 1) Tierra, 2) Agua, 3) Aire, 4) Fuego. Puedes usar uno de los siguientes símbolos para representar cada elemento:

- *Tierra*: colores marrones, tierra, sal, piedras, cristales, artículos de cerámica o barro.
- *Agua*: colores azules, recipiente o vaso con agua.
- *Aire*: colores blancos, incienso, plumas, aromas en quemadores de aceite.
- *Fuego*: colores rojos, velas.

Analiza cuáles de estos elementos están creando un desbalance en tu vida, tomando en cuenta los conceptos que ellos representan:

- Demasiada Tierra: terquedad, sensación de cargar mucho peso, excesivo interés por lo material.

- Demasiada Agua: apatía, falta de responsabilidad, demasiada emocionalidad, deseo excesivo de agradar.
- Demasiado Aire: falta de atención, estar con la cabeza en las nubes, dificultad para pensar y concentrarse.
- Demasiado Fuego: cólera, celos, odio, demasiado apasiona-miento.
- Falta de Tierra: inestabilidad, poco uso del sentido común, temor ante la vida.
- Falta de Agua: dificultad para adaptarse a los cambios, cerrado a las emociones y a la posibilidad de amar.
- Falta de Aire: infelicidad, pérdida de la alegría de vivir, carencia de ideas y de positivismo.
- Falta de Fuego: debilidad, cobardía, falta de pasión y de creatividad.

Luego de que definas qué Elementos están demasiado activos en tu vida y cuáles necesitan activarse más, ubícate frente al símbolo de la Tierra, pasa luego al Agua, al Aire y finalmente al Fuego y pronuncia mentalmente o en voz alta las afirmaciones indicadas abajo.

Repite este paso frente a cada uno de los Elementos.

Para los Elementos débiles: «Elemento de........., pido que me traigas balance, para que me haga más fuerte en ti, otórgame tu poder».

Para los Elementos fuertes: «Elemento de ...., pido que me traigas balance. Aminora tu influencia en mi vida y protégeme de cualquier exceso posterior».

Visualízate con las cualidades o condiciones que deseas tener. Agradece por la oportunidad de lograr equilibrio y por las energías recibidas o liberadas de los Elementos.

1. ¿Qué dificultades has encontrado en el desarrollo del ritual?
2. ¿Qué actitudes tuyas pueden estar contribuyendo en generar estas situaciones?
3. ¿De qué manera puedes superar o cambiar estas actitudes?
4. ¿Qué imagen de serenidad y equilibrio deseas construir de ti mismo(a)? ¿Cómo puedes encaminarte hacia ello?

MEDITACIÓN: VIAJE ESTELAR

INTRODUCCIÓN:

Pon en práctica los pasos sugeridos en la introducción de meditación estelar en la sección de Aries para relajar cuerpo, emociones y mente, y luego procede según lo siguiente:

- Imagina que subes hacia los planos superiores y llegas hasta la constelación de Libra. Toma nota de cualquier cosa, símbolo o imagen que veas en el camino.
- En la constelación hay una estrella brillante que te llama y te acercas a ella. En su centro encuentras una montaña elevada, subes a ella y en la cima hallas a una mujer sentada en un pedestal, sosteniendo una hermosa espada. Ella contempla la espada observando sus dos lados afilados mientras la sostiene por la empuñadura, teniéndola en posición vertical con la punta hacia arriba.
- Al darse cuenta de que estás allí, te llama a su presencia y te muestra la espada. Te dice que esta espada es el símbolo de la mente y del recto pensar. Toma nota de cualquier impresión o imagen que puedas observar en la escena.

1. Pregúntale qué es pensar con rectitud y por qué es importante. ¿Qué te responde?
2. Pregúntale cómo puedes lograr rectas relaciones con tu entorno. ¿Qué te responde?
3. Pregúntale en qué situaciones de tu vida necesitas mostrar más rectitud de pensamiento y cómo puedes lograrlo.

- o Necesidades de mayor rectitud:
- o Acciones a tomar para lograrlo:
- ¿Qué otras preguntas le harías?

- ¿Qué te responde?

Finalmente, agradécele por su apoyo y consejos, y regresa al lugar en la naturaleza de donde partiste a través del medio por el cual llegaste a la constelación. Toma tres respiraciones profundas y abre tus ojos con suavidad. Anota en tu cuaderno o tu diario espiritual todo aquello que hayas observado y toda la información que hayas recibido.

APRENDIZAJES KÁRMICOS DURANTE EL MES ZODIACAL DE LIBRA

- Encontrar El Sendero Medio, el sendero de la moderación y el balance, armonizando las polaridades.
- Vivir en el presente para evitar preocupaciones innecesarias.
- Desarrollar capacidades diplomáticas para promover buenas relaciones entre las personas.
- Aprender a enfrentar y armonizar el conflicto, especialmente el conflicto interior, en vez de huir de él.
- Aprender a lograr tus propósitos sin manipular a los demás.
- En vez de juzgarte a tí mismo(a) y a los demás, analizar las causas de las situaciones para resolverlas.

- Desarrollar capacidades prácticas para lograr éxito en la vida y equilibrar tu sentido idealista con la practicidad terrenal.

1. ¿Qué aprendizajes kármicos de Libra son aplicables a tu vida?
2. ¿Algunos de estos aprendizajes te son particularmente difíciles de manejar? ¿Por qué?
3. ¿Con cuáles aprendizajes te identificas más?

CUESTIONARIO PERSONAL PARA MANIFESTAR LAS CARACTERÍSTICAS DE LIBRA

- ¿Eres diplomático(a) y equilibrado(a) al relacionarte con los demás?
- ¿Te esfuerzas por tomar decisiones de manera oportuna?
- ¿Sostienes tus puntos de vista y aquello en lo que crees?
- ¿Tratas de ser equitativo(a) y buscas lo justo?
- ¿Tienes alguna afición o alguna manera de manejar el estrés que sea artística y creativa?
- ¿Te tomas el tiempo suficiente para escuchar a las demás personas, prestándoles atención y compartiendo con ellas?

- ¿Tienes la capacidad de ser un buen miembro de equipo y de trabajar armoniosamente en grupo?
- ¿Has desarrollado alguna relación o sociedad significativa en tu vida?

AFIRMACIONES PARA LAS CUALIDADES DE LIBRA

Nota clave esotérica para las energías de Libra: «Elijo el sendero del medio entre dos grandes líneas de fuerza».

Las afirmaciones pueden ser utilizadas como pensamientos simiente para meditaciones diarias, especialmente durante el mes zodiacal del signo. Puedes meditar con cada una de ellas un día a la vez, o tantos días por afirmación como encuentres conveniente.

1. Yo soy el diplomático. Mi meta es ayudar a traer armonía y balance a un mundo en conflicto.
2. Estoy en búsqueda de la paz.
3. Busco justicia, y comprendo el significado y sentido de lo justo, pero no me desilusionaré si no encuentro la justicia perfecta en este mundo.
4. Buscaré ser respetuoso de la ley y me esforzaré por comprender y seguir la Ley del Karma que establece que cosecharemos lo que sembramos.

5. Tomo conciencia que, según la Ley del karma, cuando soy amable y considerado con otros, la gentileza regresará a mí; cuando doy amor a otros, el amor vendrá hacia mí.
6. Busco armonía combinando los pensamientos de mi mente con un corazón compasivo.
7. Comprendo que la salud integral se basa en el equilibrio del alma y la personalidad.
8. Comprendo el poder de las rectas relaciones humanas.
9. En vez de estar centrado en mí mismo(a), uso mis talentos y habilidades para el bien de mi grupo.
10. Mi relación primordial es con la Divinidad en mi interior y me esfuerzo en mantener esta relación en todo lo que hago.

MEDITACIÓN ESOTÉRICA

(De «Sabiduría del Zodíaco» por Torkom Saraydarian)

Este es un ejercicio importante porque cada victoria es ganada primero en la mente, y luego, en el campo de batalla de la vida.

1. Siéntate, relájate y cierra tus ojos.

2. Pronuncia la Gran Invocación:
Desde el punto de Luz en la Mente de Dios,

Que afluya luz a las mentes de los hombres,
Que la Luz descienda a la tierra.
Desde el punto de Amor en el Corazón de Dios,
Que afluya amor a los corazones de los hombres,
Que Cristo retorne a la Tierra.

Desde el centro donde la Voluntad de Dios es conocida,
Que el propósito guíe las pequeñas voluntades de los hombres –
El propósito que los Maestros conocen y sirven.

Desde el centro de lo que llamamos la raza de los hombres,
Que se realice el Plan de Amor y de Luz
Y selle la puerta en donde se halla el mal.

Que la Luz, el Amor y el Poder restablezcan el Plan en la Tierra.

3. Pronuncia tres OMs. Con cada OMs, trata de establecer un nuevo estándar para tu ser físico, emocional y mental. Expande tu aura física y tu luz. Luego expande tu amor y aspiración emocionales. Luego expande tu consciencia mental y tu relación con el Cosmos.

4. Visualiza que estás escalando una gran montaña. Asciende por la montaña lentamente. Visualiza

las rocas y la dificultad del ascenso. Luego de que finalmente alcances la cumbre, siéntate en la cima de la montaña y mira a tu alrededor. Esta visualización crea esfuerzo en ti y te ayuda a establecer nuevos estándares, desde una perspectiva superior.

5. Desde la cumbre de la montaña, encuentra un estándar para ti. Busca un estándar de servicio o un estándar de logro. Piensa en un estándar, y en tu visualización, trata de alcanzar ese estándar.

6. Repite la Gran Invocación:

Desde el punto de Luz en la Mente de Dios,
Que afluya luz a las mentes de los hombres,
Que la Luz descienda a la tierra.
Desde el punto de Amor en el Corazón de Dios,
Que afluya amor a los corazones de los hombres,
Que Cristo retorne a la Tierra.
Desde el centro donde la Voluntad de Dios es conocida,
Que el propósito guíe las pequeñas voluntades de los hombres –
El propósito que los Maestros conocen y sirven.
Desde el centro de lo que llamamos la raza de los hombres,
Que se realice el Plan de Amor y de Luz
Y selle la puerta en donde se halla el mal.
Que la Luz, el Amor y el Poder restablezcan el Plan en la Tierra.

7. Pronuncia tres OMs.

CONCLUSIONES

- ¿Cómo resumirías las energías de Libra?
- ¿Cuáles cualidades de Libra consideras más importantes para el éxito en tu vida? ¿Por qué?
- ¿Cuál es tu plan de acción para las siguientes semanas (e incluso meses) para alcanzar las cualidades de Libra que consideras de utilidad para tu vida?

8

ESCORPIO:
TRANSFORMACIÓN Y LIBERACIÓN

23 octubre – 21 noviembre

RESUMEN DE CARACTERÍSTICAS

El mes de Escorpio te trae la oportunidad para desarrollar las siguientes características:

Palabras clave: Investigación, conciencia, secretos, magia, precisión psicológica, misterio, trabajo investigativo profundo, transformación, poder, sexualidad, legado, regeneración.

- ¿Cuáles de estas características necesitas desarrollar para mejorar tu proceso personal? ¿Por qué?

Cualidades a aprovechar: Intensos sentimientos y emociones; propósitos claros, muy imaginativo, perspicaz, astuto; perseverante, enérgico, profundo, catalizador.

Debilidades a trabajar: Celoso, resentido, terco, obstinado y de trato difícil, sigiloso y suspicaz, intrigante, cruel, vengativo, se puede convertir en su peor enemigo.

Para poder liberarte de las debilidades de Escorpio identifica las cualidades opuestas que te ayudarán a superarlas y haz el esfuerzo de desarrollar estas cualidades. ¿Qué debilidades de Escorpio encuentras en tus actitudes que te convendría eliminar y cuál es la cualidad contraria que puedes utilizar para este propósito?

- Debilidad: ....
- Cualidad a consolidar: ....

Elemento: Agua – símbolo de las emociones, la intuición y empatía.

Qué tomar de Escorpio: Escorpio es un signo fijo de agua. Sabe cómo comprender qué lo motiva y qué mueve a los demás. Se involucra en explorar la vida hasta los límites extremos. Por lo tanto, aprender a relacionarte adecuadamente con personas con un menor nivel de apasionamiento es una de las lecciones importantes para Escorpio.

¿En qué áreas de tu vida necesitas lograr más apasionamiento y profundidad? ¿Con tu familia, tu pareja, tus hijos, tus amigos, tus compañeros de trabajo? ¿Qué acción puedes tomar en los siguientes días para mejorar esas relaciones?

- Área: ....
- Acción: ....

CUALIDAD ESOTÉRICA: AUSENCIA DE TEMOR

La cualidad esotérica de Escorpio es la Ausencia de Temor. No hablamos de Valor, que es la cualidad de Leo y que te permite enfrentar tus temores. En este caso, se está más allá de los temores pues al haber superado los retos que se hayan presentado y al haber vencido a tu sombra, a tu parte oscura a la que te obliga a enfrentarte Escorpio, has presenciado la muerte de dichos temores. Muere simbólicamente la personalidad con todas sus limitaciones y renaces fusionado(a) con tu Alma. Has vencido a esa muerte, has «resucitado de entre los muertos», por lo que ya no hay nada a qué temer. Puedes hollar el Sendero sin dudas ni indecisiones. Las nubes del temor ya no te perturban pues ves el Horizonte con total claridad y avanzas hacia él. No necesitas más del Valor debido a que no le temes más a nada. Aun cuando en este momento estés muy lejos de este nivel de consciencia, ¡puedes siempre hacer el esfuerzo por avanzar en esa dirección!

Para trabajar la cualidad de este mes, elige alguna situación o relación emocional que temías soltar y dejar morir, a pesar de que su energía estaba ya agotada. Analízala y define a qué se debe que intentaste mantener con vida dicha situación o relación, qué temor te generó esta reacción, y cómo/con quién aprendiste a tener dicho temor. Luego, define las alternativas para enfrentar estas actitudes y mejorar tu capacidad de «dejar morir» aquello que ya está agotado.

- Evento: ....
- Temor: ....
- Acciones a tomar: ....

APRENDIZAJES PARA ESCORPIO

Qué es lo que la energía de Escorpio te pide aprender:

- De qué manera acumular y utilizar el poder personal para lograr cambios y transformaciones en diferentes áreas de tu vida.

- Cómo mantener secretos e información confidencial que te son confiados.
- Cómo perseverar a pesar de la oposición que puedas encontrar, sin utilizar métodos injustos o autodestructivos.
- Cómo ser más apasionado en las diferentes áreas de tu vida.
- Cómo experimentar el lado mágico de la vida y comprender los principios de la magia creadora de tu mente.
- Cómo manejar la sexualidad en los diferentes planos de tu personalidad (a nivel físico, emocional y mental) de manera equilibrada y provechosa.
- Cómo comprender el concepto de la muerte y los procesos de transformación para aplicarlos en tu vida de manera útil.
- Cómo utilizar productivamente la intensidad en tu vida, aprendiendo a ser apasionado(a), pero no agobiante.

Revisa los aprendizajes enumerados arriba y evalúa cuántas de estas condiciones estás esforzándote por cumplir, y cuáles necesitas trabajar aún.

- En desarrollo: ....
- Necesito trabajar más: ....

- ¿Qué harás en los próximos días para acercarte más a las metas de aprendizaje? ....

RITUAL ZODIACAL PARA LA TRANSFORMACIÓN EMOCIONAL

Este ritual nos ayuda a lograr cambios a nivel emocional con el fin de transformar las sensaciones de depresión, tristeza o decaimiento de modo que podamos poder ver al mundo nuevamente luminoso.

- Necesitarás:
- Una vela negra
- Una vela blanca
- Un recipiente grande lleno hasta la mitad de tierra
- Un recipiente pequeño lleno hasta la mitad de agua
- Incienso y porta-incienso
- Una pluma de tamaño medio
- Un pedazo de papel
- Una cinta negra
- Fósforos

También será necesario que hayas cavado un agujero en el suelo o el jardín. Si no tienes un espacio para ello, utiliza una maceta llena de tierra de jardín.

Asegúrate de tener suficiente espacio para moverte y que no haya elementos o cosas dentro de tu área de trabajo que sean ajenas al ritual.

Es también importante que no te interrumpan, perturben o distraigan.

Procedimiento:

Ata la cinta alrededor de tu muñeca y coloca los fósforos cerca de ti. Genera suficiente confianza en ti para tener el convencimiento que tu ritual será efectivo. ¡Cree en ti y en tu magia!

Primero deberás crear tu círculo mágico, imaginando que estás dentro de un círculo de luz. Luego enciende la vela negra diciendo: «Mi personalidad se encendió con deseos oscuros. Los elimino con el fuego».

Usando el fuego de la vela negra, enciende la vela blanca y di: «Ahora la luz blanca puede ingresar y la bondad inundará a mi personalidad». Vierte luego el agua sobre la tierra pronunciando: «La tierra es negra, el agua es pura, y una mezcla de ambos será mi cura».

Con el extremo puntiagudo de la pluma, remueve la tierra y el agua hasta que ésta última haya sido absorbida por la tierra, y di: «Llevo a cabo esta mezcla para que mi personalidad sea transformada y quede libre».

Con el extremo puntiagudo de la pluma, dibuja un pentagrama (una estrella de cinco puntas) en el papel utilizando la tierra humedecida. Enrolla el papel y átalo con la cinta negra diciendo: «Te ato a la tierra y con ello me transformo y libero».

Extingue las velas, abre tu círculo mágico y entierra el papel enrollado en el agujero que previamente cavaste. Coloca algún marcador (algún objeto) que te permite recordar en dónde está el papel. Si utilizas la maceta, guárdala en un lugar visible pero seguro.

Cada noche durante una semana visualízate transformado(a) y luminoso(a). En la noche final, desentierra el rollo, remueve la cinta y quema el papel visualizando tu transformación definitiva.

Di: «Finalmente soy libre, la oscuridad me ha dejado. Estoy en la luz y mi alma me conduce. Que así sea». ¡Ahora ya estás listo(a) para llevar luz al mundo!

- ¿Qué dificultades has encontrado en el desarrollo del ejercicio?
- ¿Qué creencias pueden estar influyendo en estas dificultades y de qué manera puedes superar estas creencias?

MEDITACIÓN ZODIACAL PARA SOLTAR Y DEJAR EN LIBERTAD

A lo largo de tu vida, atraviesas problemas que te generan ansiedad y estrés. Tiendes a «rumiar» estas situaciones, y ello no te ayuda a resolver aquello que requiere de transformación. Los problemas pueden ser resueltos cuando estás sereno(a) y mejor preparado(a) para lidiar con ellos, por lo que te resultará conveniente aprender a no «engancharte» emocionalmente para poder desarrollar una perspectiva más amplia y objetiva.

Para poder lograr un enfoque mejor y más desapegado, pon en práctica la siguiente meditación:

Cierra tus ojos y concéntrate en tu respiración. Deja que el aire que respiras te relaje y te limpie internamente. Siente cómo se relaja tu cuerpo. Inhala a través de tu nariz y expande tus pulmones, exhalando luego por la boca. Repite este proceso durante seis respiraciones profundas.

Visualízate luego como un pájaro dentro de una jaula. Al inicio, parece no haber salida, pero luego te das cuenta de que la puerta de la jaula está abierta. Puedes, por lo tanto, salir de la jaula por tu propia voluntad. ¿Tienes temor de volar libre? ¿O podrías sentir que es más cómodo permanecer dentro? Si prefieres permanecer, ¿qué temor o temores podrían detenerte? ¿Qué es lo que no quisieras enfrentar si te liberas?

Deja que lleguen las respuestas y medita sobre ellas, permitiendo que se aclaren las causas que te mantienen atado(a).

Luego, pronuncia con convicción las siguientes palabras, ya sea en voz alta o mentalmente, según prefieras:

«Guía interior, pido tu ayuda. Mis ansiedades me rodean, buscando atraparme. Mi dolor me ata. Libérame y concédeme la libertad de volar y soltar todas las ataduras que me detienen».

Continúa con una respiración rítmica y profunda a medida que sientes que tu alma, representada por el ave, se libera y vuela libre hacia la luz de la Expansión y la Liberación.

Siente la sensación de libertad en tu corazón. Imagina que vuelas en libertad sobre la ciudad, vuelas hacia el campo, hacia las montañas, y deja que te envuelva la luz del sol. Permanece por unos instantes envuelto(a) en luz solar y en silencio. Finalmente, abre tus ojos con suavidad y agradece por haber logrado liberarte.

1. ¿Qué situaciones en tu vida continúan aun atándote a nivel físico, emocional, mental?
2. ¿Qué actitudes tuyas pueden estar contribuyendo a mantener dichas ataduras?
3. ¿De qué manera puedes superar o cambiar estas actitudes?
4. ¿Qué imagen de liberación e independencia deseas construir de ti mismo(a)? ¿Cómo puedes encaminarte hacia ello?

MEDITACIÓN: VIAJE ESTELAR

INTRODUCCIÓN:

Pon en práctica los pasos sugeridos en la introducción de meditación estelar en la sección de Aries para relajar cuerpo, emociones y mente, y luego procede según lo siguiente:

- Imagina que subes hacia los planos superiores y llegas hasta la constelación de Escorpio. Toma nota de cualquier cosa, símbolo o imagen que veas en el camino.
- En la constelación hay una montaña con una cueva en su base. Ingresas a la cueva que está en penumbra y encuentra un espejo antiguo. Te acercas al espejo y ves reflejada tu propia imagen.
- La imagen del espejo te dice que te conoce en profundidad y viene a mostrarte aquella parte de ti que quisieras dejar detrás. Toma nota de cualquier impresión o imagen que puedas observar en la escena.

1. Pregúntale a la imagen qué aspectos tuyos que constituyen tu sombra necesitarías «dejar morir». ¿Qué te responde?
2. Pregúntale qué acciones puedes tomar para desprenderte de tu sombra, de tu parte oscura. ¿Qué te responde?

3. Pregúntale qué temores o creencias han estado dificultando que te desprendas de tu sombra.
4. ¿Qué virtudes pueden ayudarte en este trabajo interior?
5. ¿Qué otras preguntas le harías?
6. ¿Qué te responde?

Finalmente, agradécele por su apoyo y consejos, y regresa al lugar en la naturaleza de donde partiste a través del medio por el cual llegaste a la constelación. Toma tres respiraciones profundas y abre tus ojos con suavidad. Anota en tu cuaderno o tu diario espiritual todo aquello que hayas observado y toda la información que hayas recibido.

APRENDIZAJES KÁRMICOS DURANTE EL MES ZODIACAL DE ESCORPIO

- Experimentar la profundidad de las emociones sin perderte en ellas y no dejarte arrastrar por el deseo de venganza.
- Profundizar también a nivel de las ideas y del plano mental para descubrir lo oculto y traerlo a la luz.
- Aprender a manejar situaciones de crisis para salir airoso(a) de ellas.
- Comprender el lado oscuro de las cosas para poder descubrir la luz.

- Aprender a moderar tus emociones, actitudes y reacciones para evitar los extremos, el «todo o nada».
- Aceptar tu propia oscuridad, y, triunfando en la batalla contra la propia sombra, transformarla exitosamente en virtudes para lograr maestría sobre ti mismo(a).
- Aprender a dejar morir aquello que necesitas dejar en el pasado, sean relaciones, eventos, conflictos, emociones, y cualquier otra situación que no te permite progresar.

1. ¿Qué aprendizajes kármicos de Escorpio son aplicables a tu vida?
2. ¿Algunos de estos aprendizajes te son particularmente difíciles de manejar? ¿Por qué?
3. ¿Con cuáles aprendizajes te identificas más?

CUESTIONARIO PERSONAL PARA MANIFESTAR LAS ENERGÍAS DE ESCORPIO

- ¿Te apasionas por algún tema en tu vida?
- ¿Si alguna persona te enoja, la perdonas?
- ¿Te esfuerzas por ser honesto(a) para reconocer tus debilidades y te esfuerzas por superarlas?
- ¿Te esfuerzas por evitar ser atrapado(a) por el «lado oscuro» de la vida?

- ¿Manejas adecuadamente tu dinero y tus recursos?
- ¿Puedes ver a través de las «máscaras» que presentan las personas, percibiendo sus motivos reales?
- ¿Te intrigan los misterios de la vida, tales como la muerte, los temas psíquicos y el esoterismo?
- ¿Has desarrollado tu «sexto sentido», tus capacidades psíquicas?

AFIRMACIONES PARA MANIFESTAR LAS CUALIDADES DE ESCORPIO

Nota clave esotérica para las energías de Escorpio: «Guerrero soy y salgo triunfante de la batalla».

Las afirmaciones pueden ser utilizadas como pensamientos simiente para meditaciones diarias, especialmente durante el mes zodiacal del signo. Puedes meditar con cada una de ellas un día a la vez, o tantos días por afirmación como encuentres conveniente.

1. Soy el mago.
2. Soy apasionado(a) e intenso(a) y tengo el poder mágico de transformarme a mí mismo(a) y a otros.
3. Tengo la habilidad de discernir, a través de mi percepción y mi mente indagadora y analítica,

qué es lo que vale la pena salvar y qué merece ser descartado.

4. Comprendo el verdadero, profundo valor de las cosas y utilizo mis talentos y recursos para conseguir lo que necesito, sabiendo que estas adquisiciones no son mi meta principal sino medios para mi progreso.
5. Estoy alineado con los misterios del universo y sé que mi poder personal y mi riqueza descansan en los reinos espirituales, pues allí es donde reside mi verdadero poder.
6. Cuando me sobrepongo a mi naturaleza básica, inferior, y libero mi naturaleza superior y espiritual, es cuando me transformo y catalizo transformación para mi entorno.
7. Puedo desentrañar los secretos y misterios del universo y manifestar la verdadera Magia de la mente y el corazón.
8. Al compartir mis recursos con otros, todo lo que necesito vendrá a mí.
9. Mi meta es profundizar en los misterios de mi propia naturaleza y los misterios de la vida, enfrentándome a mi sombra para convertir la oscuridad en luz.

MEDITACIÓN ESOTÉRICA

(De «Sabiduría del Zodíaco» de Torkom Saraydarian)

1. Relájate, cierra tus ojos y pon una hermosa sonrisa en tu rostro. Relaja tus hombros, cabeza y cuello.

2. Siente que eres una esfera de energía de una gran constelación, la energía que está viniendo a ti a través de los rayos del sol. Siente esa energía alrededor tuyo. Es la energía de libertad o expansión de consciencia.

3. Pronuncia el siguiente mantram:
   Condúcenos, Señor,
   De la oscuridad a la Luz,
   De lo irreal a lo Real,
   De la muerte a la Inmortalidad,
   Del caos a la Belleza.

4. Pronuncia tres OMs.

5. Ahora piensa en lo que acabas de pronunciar, y qué significan y cómo puedes usar estas palabras: «¿Soy libre?» Piensa en ello.

6. Pronuncia el siguiente mantram:
   Que vengan la visión y la percepción interna,
   Que el futuro quede revelado,

Que la unión interna quede demostrada
Que cesen las divisiones externas.
Que el amor prevalezca,
Que todos los hombres amen.

7. Pronuncia siete OMs.

CONCLUSIONES

1. ¿Cómo resumirías las energías de Escorpio?
2. ¿Cuáles cualidades de Escorpio consideras más importantes para el éxito en tu vida? ¿Por qué?
3. ¿Cuál es tu plan de acción para las siguientes semanas (e incluso meses) para alcanzar las cualidades de Escorpio que consideras de utilidad para tu vida?

9

SAGITARIO:
OPTIMISMO Y ASPIRACIONES

22 noviembre – 21 diciembre

RESUMEN DE CARACTERÍSTICAS

El mes de Sagitario te trae la oportunidad para desarrollar las siguientes características:

Palabras clave: Libertad, teorías y filosofías, alcanzar, aprender, viajes, expansión, naturaleza, incremento, empoderamiento, prosperidad, jovialidad, aspecto positivo, suerte.

- ¿Cuáles de estas energías necesitas desarrollar para avanzar en tu proceso personal? ¿Por qué?

Cualidades a aprovechar: Alegre y jovial, carácter optimista y flexible, de mente abierta, adaptable y con buen juicio; enfoque filosófico de la vida y amante de la libertad; sinceridad y franqueza en sus acciones.

Debilidades a trabajar: Exagerado y extremista; excesivamente positivo e idealista; impaciente e intranquilo, falta de tacto, irresponsabilidad; descuido y falta de pulcritud por quererlo todo de inmediato.

Para que una debilidad desaparezca, lo conveniente es hacer crecer la cualidad contraria. Si «dejas morir» la debilidad y te dedicas a hacer crecer la cualidad contraria, el cambio será más sencillo. ¿Qué debilidades de Sagitario encuentras en tus actitudes que te convendría eliminar? ¿Cuál es la cualidad contraria que puedes utilizar para este propósito?

- Debilidad: ....
- Cualidad a consolidar: ....

Elemento: Fuego – símbolo de la energía, la acción y la creatividad.

Qué tomar de Sagitario: Sagitario es un signo mutable de fuego. Explora el mundo de muchas maneras para descubrir las verdades universales y poderlas compartir. Por lo tanto, aprender dónde y cuándo mantenerse callado para evitar discusiones innecesarias, y cuándo aportar de manera optimista, es una de las lecciones más importantes para Sagitario.

¿En qué temas de tu vida necesitas investigar y profundizar más tus conocimientos para lograr un mejor enfoque de la situación? ¿Qué acción puedes tomar en los siguientes días para aprender más del tema?

- Tema de vida: ....
- Acción: ....

CUALIDAD ESOTÉRICA: PACIENCIA

Sagitario es un signo de fuego que trae actividad, manifestación, aspiraciones, y gran cantidad de energía para realizarlo todo con mucha rapidez. Sin embargo, las cosas necesitan tomar su tiempo para que puedan consolidarse, y para ello es indispensable aprender a ser pacientes. La paciencia implica esperar a que cada evento se geste para que pueda nacer saludablemente.

Por el contrario, la impaciencia te puede llevar a completarlo todo demasiado rápido y sin el debido cuidado, dándole más importancia al tiempo que al contenido. Por ello, ser paciente significa dejar que los hechos, las situaciones, las relaciones y todo lo que vivas, se desenvuelva en su justo momento, dándoles tiempo para que estén listos para salir a luz - ¡no antes!

Para trabajar la cualidad de este mes, elige alguna situación que quisieras que se resolviera lo más pronto posible, pero que reconoces que requiere de tiempo para que se geste su proceso. Analízala y define a qué se debe que deseas apurar el desenlace, qué efectos pueden darse si se apura la resolución sin que el proceso esté listo para ello, qué temor te podría estar empujando a resolver apresuradamente, y cómo/con quién aprendiste a sentir dicho temor. Luego, define las ventajas que te trae permitir que las cosas evolucionen a su ritmo.

- Evento: ....
- Temor: ....
- Acciones a tomar: ....

APRENDIZAJES PARA SAGITARIO

Qué es lo que la energía de Sagitario te pide aprender:

- Cómo identificar con claridad tus aspiraciones de vida para dirigirte con perseverancia hacia ellas.
- Cómo equilibrar la necesidad de seguir estrictamente los principios morales y éticos con los retos de la vida diaria.

- Cómo adaptar tu filosofía de vida a las circunstancias reales.
- Cómo mantener ocupada tu mente, permanentemente explorando y estudiando temas que te resultan interesantes.
- Cómo mantener una perspectiva abierta, tolerante y adaptativa a pesar de que no resulte fácil.
- Cómo mantener una actitud amable y amistosa con quienes la merecen, aun cuando no estén de acuerdo con tu filosofía de vida.
- Cómo desarrollar la paciencia suficiente para permitir que los procesos en tu vida se desenvuelvan a su ritmo.
- Cómo evitar imponer tus enfoques y formas de pensar sobre otras personas que podrían pensar de manera diferente.
- Cómo desarrollar tu lado filantrópico, compartiendo la abundancia que posees a todo nivel, incluyendo a nivel de sabiduría intelectual y espiritual.

Revisa los aprendizajes enumerados arriba y evalúa cuántas de estas condiciones estás esforzándote por cumplir, y cuáles necesitas trabajar aún.

- En desarrollo: ....
- Necesito trabajar más: ....

- ¿Qué harás en los próximos días para acercarte más a las metas de aprendizaje? ....

RITUAL ZODIACAL PARA LOGRAR METAS

Para lograr las principales aspiraciones de tu vida, es indispensable irlas concretando a lo largo de metas alcanzables. Saltar pasos no te permite desarrollar los procesos oportunos para ello. Adicionalmente, necesitas tener en cuenta que estas metas deben ser realistas - si la meta es imposible de alcanzar, no lo lograras... Por otro lado, debes desear muy fuertemente concretar estas metas, lo que te llevará a hacer lo conveniente (con pasión, motivación, actitud, etc.) para ser exitoso(a). Además, necesitas tomar acción para alcanzar la meta, lo que requiere que hagas ALGO para acercarte a ella, aunque sea paso a paso y en proporciones pequeñas.

CÓMO LOGRAR TUS METAS

- Establece una meta alcanzable.
- Ponla por escrito.
- Prepara un plan para lograr tu meta.
- Trabaja cada día hacia el logro de tu meta.
- Revisa y haz un seguimiento de tu progreso (o falta de él).
- Ponte una fecha límite.

RITUAL:

Qué necesitas:

- Una vela que represente tu meta (por ejemplo, rosa para el romance, naranja para el dinero y el trabajo, verde para la salud).
- Aceite esencial de rosas (relaciones), canela (dinero), o pino (salud).
- Algodón para ungir tu vela.
- Un símbolo que represente el objetivo que deseas lograr. Puedes usar Runas, arcanos del Tarot, símbolos astrológicos, o cualquier otro símbolo (como alguna imagen de la situación deseada) que te resulte esotéricamente representativo y que te ayudará energéticamente en el proceso.
- Un instrumento para tallar.

PROCEDIMIENTO:

Talla el símbolo en la vela y luego úngela con el algodón humedecido con el aceite. Enciende la vela y medita en silencio sobre tu meta. Siente las sensaciones de haber logrado tu meta y visualízate como si esto ya hubiera sucedido. Haz esto por siete minutos cada noche (de preferencia a las 7 pm) durante siete días. Si tu meta es de largo plazo, haz esto como un inicio y repite el proceso cada mes si fuera necesario.

1. ¿Qué dificultades has encontrado en el desarrollo del ejercicio?

2. ¿Qué creencias pueden estar influyendo en estas dificultades y de qué manera puedes superar estas creencias?

MEDITACIÓN ZODIACAL PARA LA NUTRICIÓN Y LA ALEGRÍA

Ser creativo ayuda a la mente a descansar del estrés y permite alimentar el alma. La meditación permite además estar en el presente. Y transmitir alegría mientras preparas tus alimentos permite compartir con quienes te rodean esa energía motivadora, que te dará bienestar y hará felices a otros.

La Meditación para la Nutrición te conecta con tu ser interno para reconocer la belleza y la sacralidad de la vida. Es también una conexión profunda con el mundo natural que sostiene la vida, y se relaciona con el enfoque de las diferentes formas de nutrición, alegría y luz que provee el acto de cocinar y consumir los alimentos.

Esta es una meditación activa y estas son las pautas en las que puedes meditar mientras te alimentas, preparas los alimentos y compartes con otros:

- Utiliza recetas que están de acuerdo con la estación del año, tu personalidad y los gustos de tus invitados.

- Asegúrate de tener todo lo que necesitas para preparar tus platos: ingredientes, equipo, utensilios.
- Toma unas cuantas respiraciones profundas y luego inicia tu preparación. El acto de preparar tus alimentos debe ser el único foco de tu atención mientras cocinas.
- Desarrolla solo un paso y una tarea a la vez antes de pasar a la siguiente.
- Incorpora trabajo de preparación y de limpieza, e incluso puedes cantar durante tu meditación de cocina y nutrición.
- Enfócate en la labor que estás desarrollando. Mide, pica, sazona, cuece, revuelve. Aspira los aromas. Trata de hacer esto sin enfocarte en tus problemas del mundo externo o las preocupaciones que pueda tener tu mente.
- Haz que el poner la mesa sea tan especial como los platos que preparas. Deja que tu intuición y tu imaginación te guíen para trabajar los arreglos. Puedes incluir flores en la preparación del ambiente, si lo deseas.
- Lávate las manos. Enciende una vela, ubicándola en algún lugar seguro. Pronuncia una bendición. Siéntate y disfruta de tus alimentos, de las texturas y sabores, de cada bocado y de la compañía de quienes comparten la mesa contigo. Inhala. Exhala. Déjate nutrir y agradece.

1. ¿Con qué nivel de conciencia preparas normalmente tus alimentos? ¿Te tomas el tiempo suficiente o está tu mente enfocada en las preocupaciones diarias de la vida?
2. ¿Qué plan de acción puedes poner en práctica para aprovechar de mejor manera este momento de tu vida diaria?
3. ¿Cómo puede ayudarte un mejor proceso de preparación y de consumo de tus alimentos?
4. ¿Además de la mejora de tu alimentación física y material, qué cambios en tu alimentación emocional y mental consideras necesarios?

MEDITACIÓN: VIAJE ESTELAR

INTRODUCCIÓN:

Pon en práctica los pasos sugeridos en la introducción de meditación estelar en la sección de Aries para relajar cuerpo, emociones y mente, y luego procede según lo siguiente:

- Imagina que subes hacia los planos superiores y llegas hasta la constelación de Sagitario. Toma nota de cualquier cosa, símbolo o imagen que veas en el camino.
- En la constelación hay una montaña, subes a ella y en la cumbre encuentras un arquero apun-

tando sus flechas hacia el horizonte. Al verte, deja a un lado sus flechas y se vuelve hacia ti.

1. Pregúntale qué te ha dificultado hasta la fecha el lograr tus aspiraciones. ¿Qué te responde?
2. Pregúntale qué acciones puedes tomar para reencaminarte en la dirección correcta hacia tus aspiraciones. ¿Qué te responde?
3. Pregúntale qué temores o creencias han estado desviándote de tus metas.
4. ¿Cómo puede ayudarte la alegría para alcanzar de mejor manera tus aspiraciones?
5. ¿Qué otras preguntas le harías?
6. ¿Qué te responde?

Finalmente, agradécele por su apoyo y consejos, y regresa al lugar en la naturaleza de donde partiste a través del medio por el cual llegaste a la constelación. Toma tres respiraciones profundas y abre tus ojos con suavidad. Anota en tu cuaderno o tu diario espiritual todo aquello que hayas observado y toda la información que hayas recibido.

APRENDIZAJES KÁRMICOS DURANTE EL MES ZODIACAL DE SAGITARIO

- Comprender que no hay nada más valioso que la libertad y aun cuando puede costar, vale la pena esforzarse por lograrla.

- Estudiar, aprender, crecer y enseñar, desarrollando tu propia filosofía de vida.
- Introducir disciplina y autocontrol a la vida diaria.
- Desarrollar la capacidad para analizar y prever el futuro, para ver «más allá de lo obvio».
- Mantener la perspectiva para evitar la visión unidireccional de modo que no se pasen por alto los detalles.
- Vivir la vida con sentido de aventura para no caer en el aburrimiento de la rutina.
- Ver el lado alegre de las cosas y llevar alegría a la vida de quienes te rodean.

1. ¿Qué aprendizajes kármicos de Sagitario son aplicables a tu vida?
2. ¿Algunos de estos aprendizajes te son particularmente difíciles de manejar? ¿Por qué?
3. ¿Con cuáles aprendizajes te identificas más?

CUESTIONARIO PERSONAL PARA MANIFESTAR LAS ENERGÍAS DE SAGITARIO

- ¿Manifiestas crecimiento y sentido de aventura en alguna área de tu vida?
- ¿Eres una persona alegre y entusiasta?

- ¿Te esfuerzas por buscar y manifestar la luz de la verdad sobre tu vida, tus acciones y tus relaciones con los demás?
- ¿Has generado una filosofía de vida propia que aplicas en tus diferentes aspectos personales?
- ¿Eres una persona de mente amplia, generosa y tolerante con las formas de pensar de los demás?
- ¿Tratas de ver el panorama completo, desarrollando perspectiva para no quedarte atrapado en los detalles diarios?
- ¿Tienes fe en la vida, en ti mismo(a), en los planos superiores?
- ¿Has desarrollado una visión hacia el futuro?
- ¿ Eres autodisciplinado(a) y estás enfocado(a) en hacer que tus sueños se conviertan en una realidad?

AFIRMACIONES PARA PONER EN PRÁCTICA LAS CUALIDADES DE SAGITARIO

Nota clave esotérica para las energías de Sagitario: «Veo una meta, alcanzo esa meta y luego veo otra».

Las afirmaciones pueden ser utilizadas como pensamientos simiente para meditaciones diarias, especialmente durante el mes zodiacal del signo. Puedes meditar con cada una de ellas un día a la vez, o tantos días por afirmación como encuentres conveniente.

1. Soy el Aventurero.
2. Soy entusiasta, alegre y de espíritu libre, y deseo encontrar el significado de la vida.
3. La verdad es mi fundamento y es una parte esencial de lo que soy, y busco encontrarla a lo largo de la vida.
4. Comprendo los tiempos de los procesos y reconozco que una verdad pronunciada demasiado rápido es tan inútil como una verdad pronunciada demasiado tarde.
5. Me esfuerzo por estudiar y aprender sobre los misterios de la vida, las filosofías, las religiones y los conceptos esotéricos, para poder eventualmente transmitirlos.
6. Respeto todas las culturas y sistemas positivos de creencias, aun cuando éstos puedan ser diferentes a los míos.
7. Comprendo que todos pertenecemos a una sola familia humana, aprendiendo y creciendo juntos, lo que eventualmente me convierte en un mejor instructor.
8. A medida que comparto lo que aprendo con otros, más luz de comprensión surgirá en mi ser interior.

9. Me esfuerzo por enfocarme en el gran esquema de la vida más que en los detalles diarios, para crecer e iniciar la aventura espiritual.
10. Sé que la meta no es el destino sino el viaje.
11. Mi meta es comprender las leyes universales de la vida y manifestarlas de una manera positiva para guiar y enseñar a otros mediante mi ejemplo.

MEDITACIÓN ESOTÉRICA

(De «Sabiduría del Zodíaco» de Torkom Saraydarian)

1. Siéntate, relájate y cierra tus ojos.

2. Pronuncia tres OMs. Con cada OM, atrae el fuego magnético a tu cuerpo físico, a tu cuerpo emocional y tu cuerpo mental, creando purificación en cada cuerpo.

3. Luego del tercer OM, visualiza que eres una llama dentro del aura de un arco iris. Estás de pie en el centro del arco iris.

4. Pronuncia la siguiente plegaria hacia Shamballa:

> *Tú que me llamas al sendero del trabajo,*
> *Acepta mi capacidad y mi deseo,*
> *Acepta mi trabajo, oh, Señor,*

Porque de día y de noche Tú me respaldas.
Manifiesta Tu mano, oh, Señor,
Porque grande es la oscuridad.
Yo te sigo a Ti.

5. Pensamiento simiente: ¿Cuál es mi visión para el nuevo período? ¿En qué aspectos voy a mejorarme a mí mismo(a) para alcanzar esa visión? ¿Está mi visión en armonía con la visión de la humanidad? Considera estos tres pasos.

6. Pronuncia: Om Mani Padme Hum.

7. Pronuncia La Gran Invocación:
Desde el punto de Luz en la Mente de Dios,
Que afluya luz a las mentes de los hombres,
Que la Luz descienda a la tierra.

Desde el punto de Amor en el Corazón de Dios,
Que afluya amor a los corazones de los hombres,
Que Cristo retorne a la Tierra.

Desde el centro donde la Voluntad de Dios es conocida,
Que el propósito guíe las pequeñas voluntades de los hombres,
El propósito que los Maestros conocen y sirven.

Desde el centro de lo que llamamos la raza de los hombres,
Que se realice el Plan de Amor y de Luz
Y selle la puerta en donde se halla el mal.

Que la Luz, el Amor y el Poder restablezcan el Plan en la Tierra.

CONCLUSIONES

1. ¿Cómo resumirías las energías de Sagitario?
2. ¿Cuáles cualidades de Sagitario consideras más importantes para el éxito en tu vida? ¿Por qué?
3. ¿Cuál es tu plan de acción para las siguientes semanas (e incluso meses) para alcanzar las cualidades de Sagitario que consideras de utilidad para tu vida?

10

CAPRICORNIO:
PERSEVERANCIA Y RESPONSABILIDAD

22 diciembre – 20 enero

RESUMEN DE CARACTERÍSTICAS

El mes de Capricornio te trae la oportunidad para desarrollar las siguientes características:

Palabras clave: Permanencia, tradición, conservación, organización, responsabilidad, realismo, definición y comprensión de reglas y límites, prueba de tiempo, autoridad, preocupación.

- ¿Cuáles de estas características necesitas desarrollar para avanzar en tu proceso personal? ¿Por qué?

Cualidades a aprovechar: Confiable y serio, prudente y cuidadoso, responsable, disciplinado, trabajador, esforzado, paciente, perseverante, con sentido del humor.

Debilidades a trabajar: Opciones rígidas; demasiado exigente; sarcástico; pesimista, convencional, tacaño, mezquino, aguafiestas.

Para que una debilidad desaparezca, lo conveniente es hacer crecer la cualidad contraria. Si «dejas morir» la debilidad y te dedicas a hacer crecer la cualidad opuesta, el cambio será más sencillo. ¿Qué debilidad de Capricornio encuentras en tus actitudes que te convendría eliminar? ¿Cuál es la cualidad contraria que puedes utilizar para este propósito?

- Debilidad: ....
- Cualidad a consolidar: ....

Elemento: Tierra – símbolo de sustancia, practicidad y arraigo.

Qué tomar de Capricornio: Capricornio es un signo cardinal de Tierra. Sabe cómo ser disciplinado en materias de recursos y planificación de metas.

Toma acción basado en necesidades prácticas y en el deseo de ser respetado por aquellos a quienes respeta. Por lo tanto, aprender cómo tratar con la autoridad es una de sus lecciones más importantes que te puede traer este mes zodiacal.

¿En qué temas de tu vida necesitas mayor planificación y mejor manejo de tus recursos? ¿Cómo puedes preparar un presupuesto básico y un plan de acción para lograr ese propósito?

- Tema de vida: ....
- Acción: ....

CUALIDAD ESOTÉRICA: OSADÍA

Capricornio te trae la cualidad de perseverancia que te ayuda a lograr objetivos y superar retos. Pero para alcanzarlos, necesitas atreverte a enfrentarlos y vencerlos. La osadía que te brinda este signo es indispensable para avanzar como lo hace su principal símbolo: la Cabra que brinca de peñasco en peñasco, con inteligencia, pero con atrevimiento, saltando sobre precipicios con la plena certeza de aterrizar con seguridad al otro lado. En este período zodiacal, enfrenta con osadía y con madurez las pruebas que encontrerás en el sendero para ascender hacia la cumbre de la montaña de Sabiduría.

Para trabajar la cualidad de este mes, elige alguna situación en la que necesitas atreverte a superar retos. Analízala y define a qué se debe que te da temor atreverte, cómo aprendiste a sentir dicho temor y qué puedes hacer para cruzar las fronteras que te dificultan lograr el objetivo. Luego, define las ventajas que te trae dejar el temor detrás y dar el salto.

- Evento: ....
- Temor: ....
- Acciones a tomar: ....

APRENDIZAJES PARA CAPRICORNIO

Qué es lo que la energía de Capricornio te pide aprender:

- Cómo ser perseverante y constante hasta alcanzar tus objetivos.
- Cómo reconocer las herramientas personales de las que dispones para alcanzar las metas, incluyendo el apoyo que puedes lograr de otras personas.
- Cómo tomar tus responsabilidades sin cargar con aquellas que no te corresponden.

- Cómo interactuar con la autoridad y respetarla, y llegar a manifestarla en tu vida de manera sostenida.
- Cómo lograr un equilibrio entre tu aspecto lógico, serio y conservador, y el reconocimiento y la manifestación de tus emociones.
- Cómo comprender y manifestar lo que verdaderamente es el éxito.
- Cómo utilizar la risa como herramienta para superar temores y situaciones retadoras, sin caer en la burla ni el sarcasmo excesivo.
- Cómo manejar adecuadamente los recursos y desarrollar los trabajos requeridos de la manera más eficiente.

Revisa los aprendizajes enumerados arriba y evalúa cuántas de estas condiciones estás esforzándote por cumplir, y cuáles necesitas trabajar aún.

- En desarrollo: ....
- Necesito trabajar más: ....
- ¿Qué harás en los próximos días para acercarte más a las metas de aprendizaje?

RITUAL ZODIACAL PARA LOGRAR PACIENCIA

Capricornio es el signo zodiacal de la madurez que trae paciencia a la vida. ¡La paciencia es una virtud que encontramos tan difícil de alcanzar...! Pero si somos perseverantes, avanzaremos hacia su consecución.

Pon en práctica este ritual cada vez que desees hacer uso de la virtud de la paciencia para manejar mejor tus circunstancias personales.

Necesitarás:

- Un vaso o un recipiente con agua
- Una vela azul
- Aceite esencial de lavanda o jazmín

Crea un círculo mágico en el espacio en el que trabajarás el ritual. Para ello, imagina que irradias un haz de luz desde la palma de tu mano fuerte (con la que escribes) generando un círculo de luz a tu alrededor.

Relájate por unos instantes y enciende la vela. Toma diez respiraciones profundas (inhala suave pero profundamente por la nariz y exhala suavemente por la nariz o la boca). Mientras lo haces, observa serenamente la luz de la vela. Para cada inhalación, imagina que estás inhalando de la vela energía de serenidad de color azul. Para cada exhalación, imagina que todas tus frustraciones dejan tu cuerpo.

Toma ahora el vaso o recipiente con agua y vierte en él tres gotas del aceite esencial de tu elección. Resuelve suavemente el agua con tus dedos, y pronuncia lo siguiente:

«Agua bendita, refresca mi espíritu.
Lléname de tu paz calmante.
Como el río, yo fluiré,
Pacientemente, con alegría y facilidad.»

Mantente en silencio y serenidad por unos instantes y luego apaga la vela y deshaz el círculo mágico. Si lo deseas, puedes mantener un recipiente con agua con el aceite esencial en él. Si te sientes impaciente nuevamente, inhala el aroma del aceite esencial mientras repites la afirmación.

1. ¿Qué dificultades has encontrado en el desarrollo del ejercicio?
2. ¿Qué creencias pueden estar influyendo en estas dificultades?
3. ¿De qué manera puedes superar estas creencias?

MEDITACIÓN ZODIACAL PARA LA TOMA DE RESPONSABILIDAD

Usualmente puedes encontrar áreas en tu vida que necesitan de un cambio debido a que son la fuente de dolor, sufrimiento y algunas veces, una buena dosis de aburrimiento para ti o para aquellos que están cercanos a ti y se interesan por ti. Las cosas relacionadas con estas áreas no parecen trabajar muy bien para ti, no importa cuán duro te esfuerzas. Puede que incluso estés cansado(a) de «golpearte contra la pared».

Pero tu dolor es también un reflector sobre las áreas de tu vida en donde se requiere de trabajo. E igual que el reflector, vas a concentrar tu luz – la luz de tu conciencia – sobre aquellas áreas dolorosas porque ese es el tipo de luz que puede sanarlas.

A medida que confrontas honestamente aquellas áreas de tu vida que requieren de trabajo interior, es muy importante que tomes responsabilidad por aquello que te ha sucedido en el pasado. Tomar responsabilidad por tu vida es reconocer que tienes el poder sobre aquello que te sucedió.

Por lo tanto, necesitas sentarte y tomar nota de tus circunstancias. ¿En qué situación te encuentras? ¿Cuál es el problema? ¿Qué se necesita para corregirlo? Debes enfocarte en el momento presente porque el presente es el único lugar en donde tu poder se concentra. El pasado está fuera de tu control y el futuro no ha llegado aún. Pero puedes influir en el futuro al vivir y actuar en el momento presente, aprendiendo del pasado. Al sentir tu poder de concentrarte en el momento presente, puedes extender ese poder para influir en todas las áreas de tu experiencia.

1. ¿En qué situaciones de tu vida puedes tomar mejor responsabilidad?
2. ¿Qué puedes cambiar de tus acciones hacia el futuro para evitar que vuelvan a ocurrir?
3. ¿Qué plan de acción puedes poner en práctica para vivir en el presente y tomar responsabilidad sobre los efectos que generarán tus acciones para que éstos sean los que deseas?
4. ¿Cuáles áreas de tu vida pueden mejorar? ¿Qué beneficios obtendrás de ello?
5. ¿Qué sentimientos te produce realizar este proceso meditativo?

MEDITACIÓN: VIAJE ESTELAR

INTRODUCCIÓN:

Pon en práctica los pasos sugeridos en la introducción de meditación estelar en la sección de Capricornio para relajar cuerpo, emociones y mente, y luego procede según lo siguiente:

- Imagina que subes hacia los planos superiores y llegas hasta la constelación de Capricornio. Toma nota de cualquier cosa, símbolo o imagen que veas en el camino.
- En la constelación hay una montaña, subes a ella y en la cumbre encuentras a un anciano que porta una lámpara compuesta por una vela de luz brillante. Al verte, se acerca y te ilumina con la luz de la lámpara.

1. Pregúntale en qué áreas de tu vida necesitas tomar mayor responsabilidad. ¿Qué te responde?
2. Pregúntale cuáles son los mejores recursos con los que cuentas, a nivel físico, emocional y mental. ¿Qué te responde?
3. Pregúntale cómo puedes incrementar tus ingresos financieros y cómo administrarlos eficientemente. ¿Qué te responde?
4. ¿Qué otras preguntas le harías?
5. ¿Qué te responde?

Finalmente, agradécele por su apoyo y consejos, y regresa al lugar en la naturaleza de donde partiste a través del medio por el cual llegaste a la constelación. Toma tres respiraciones profundas y abre tus ojos con suavidad. Anota en tu cuaderno o tu diario espiritual todo aquello que hayas observado y toda la información que hayas recibido.

APRENDIZAJES KÁRMICOS DURANTE EL MES ZODIACAL DE CAPRICORNIO

- Desarrollar paciencia, perseverancia y constancia para lograr los objetivos.
- Comprender que el alcanzar las metas se logra a través del trabajo esforzado, el esfuerzo y la disciplina, así como de cierta dosis de sacrificio.
- Desarrollar resistencia y determinación a través de largos períodos de aprendizaje.
- Aprender a ser flexible para evitar caer en la rigidez, la severidad y la intransigencia.
- Comprender que el descanso es tan importante como el trabajo, dándote tiempo para relajarte sin sentirte culpable.
- Desarrollar un sano sentido del humor para mantener una adecuada perspectiva de la vida.

Comprender y respetar tus tradiciones y rituales personales, ya que te ayudan a arraigarte y sentirte seguro(a).

1. ¿Qué aprendizajes kármicos de Capricornio son aplicables a tu vida?
2. ¿Algunos de estos aprendizajes te son particularmente difíciles de manejar? ¿Por qué?
3. ¿Con cuáles aprendizajes te identificas más?

CUESTIONARIO PERSONAL PARA MANIFESTAR LAS ENERGÍAS DE CAPRICORNIO

- ¿Trabajas de manera dedicada y te esfuerzas por hacer las cosas de la mejor manera posible?
- ¿Has establecido metas y ambiciones que verdaderamente valores y consideras importantes?
- ¿Desarrollas alguna actividad que te permite estar al frente en la vida pública, colaborando con tus capacidades?
- ¿Eres disciplinado(a), confiable, y sincero(a)?
- ¿Te riges por rutinas regulares en tu vida diaria y en tu proceso de desarrollo espiritual?
- ¿Aceptas tus debilidades y a pesar de ellas continúas valorándote?
- ¿Puedes perdonar a los demás por sus debilidades y sus fallas?
- ¿Te esfuerzas por ser práctico(a) para evitar caer en el idealismo excesivo?

PENSAMIENTOS SIMIENTE PARA MEDITACIONES CON LA ENERGÍA DE CAPRICORNIO

Nota clave para las energías de Capricornio: «Perdido en la luz estoy, y a esa luz le doy la espalda».

1. Soy práctico(a), confiable y esforzado(a), y trabajo arduamente para alcanzar mis metas.
2. Soy una persona activa que prefiere actuar y no soñar despierto(a).
3. Tengo la capacidad de escalar hasta la cima y superar cualquier reto.
4. Comprendo el valor de la estrategia, la planificación, el esfuerzo y la persistencia.
5. Soy disciplinado(a) y tomo mis responsabilidades de manera voluntaria.
6. Desarrollo una personalidad calmada y controlada, ayudando a otros en momentos de crisis.
7. Trato a los demás como me gustaría que me trataran a mí.
8. Establezco mis bases sólidas sobre las tradiciones del pasado para construir perdurablemente hacia el futuro.

MEDITACIÓN ESOTÉRICA

(De «Sabiduría del Zodíaco» de Torkom Saraydarian)

1. Siéntate, relájate y cierra tus ojos.

2. Visualiza una hermosa cumbre de una montaña y siéntate allí. Visualiza que tus cuerpos físico, emocional y mental se derriten y no queda nada más que una llama que es lo que tú eres.

3. Luego de unos pocos minutos, construye un nuevo cuerpo físico alrededor de la llama, un nuevo cuerpo emocional y un nuevo cuerpo mental. Haz que estos cuerpos sean puros y hermosos.

4. Deja que la llama brille. Haz brillar tu luz desde la cumbre de la montaña.

5. Piensa cuál es tu siguiente paso en el sendero de tu evolución espiritual. Trata de responder esta pregunta de manera práctica durante cinco a diez minutos.

6. Pronuncia el Mantram de la Unificación:
Los hijos de los hombres son uno
y yo soy uno con ellos.
Busco amar y no odiar;
Busco servir y no exigir servicio;
Busco sanar y no herir.
Que el dolor traiga la justa recompensa de luz y amor.
Que el alma controle la forma externa,
y la vida y todos los eventos,
y traiga la luz de amor que subyace a todo lo que ocurre en este tiempo.
Que vengan la percepción y la visión interior,
Que el futuro sea revelado.
Que se demuestre la unión interna
y desaparezcan las brechas externas.
Que prevalezca el amor.
Que todos los hombres amen.

CONCLUSIONES

1. ¿Cómo resumirías las energías de Capricornio?
2. ¿Cuáles cualidades de Capricornio consideras más importantes para el éxito en tu vida? ¿Por qué?
3. ¿Cuál es tu plan de acción para las siguientes semanas (e incluso meses) para alcanzar las cualidades de Capricornio que consideras de utilidad para tu vida?

11

ACUARIO:
INTERRELACIÓN Y CREATIVIDAD

21 enero – 19 febrero

RESUMEN DE CARACTERÍSTICAS

El mes de Acuario te trae la oportunidad para desarrollar las siguientes características:

Palabras clave: Humanitarismo, inventiva, desapego, radicalismo, altruismo, rebelión, ciencia, eclecticismo, genialidad, excentricidad, lo alternativo, originalidad, futurismo.

- ¿Cuáles de estas energías necesitas desarrollar para avanzar en tu proceso personal? ¿Por qué?

Cualidades a aprovechar: Revolucionario, independiente, original y creativo; capacidad de relacionarse y de tender vínculos, humanitario e idealista; visionario, reformista; tecnológico; intelectual, conciencia de grupo.

Debilidades a trabajar: Rebelde, excéntrico e imprevisible; cerrado en sus ideas, enfoques y actitudes contradictorias; superficial; poco tacto; deseo de llamar la atención; irresponsable y descuidado.

Para que una debilidad desaparezca, lo conveniente es hacer crecer la cualidad contraria. Si «dejas morir» la debilidad y te dedicas a hacer crecer la cualidad contraria, el cambio será más sencillo. ¿Qué debilidad de Acuario encuentras en tus actitudes que te convendría eliminar? ¿Cuál es la cualidad contraria que puedes utilizar para este propósito?

- Debilidad: ....
- Cualidad a consolidar: ....

Elemento: Aire – símbolo de ideas, intelecto y comunicación.

Qué tomar de Acuario: Acuario es un signo fijo de aire. Sabe cómo ser amistoso como una manera de lograr que las personas acepten sus ideas originales y a veces radicales sobre cómo beneficiar a la humanidad. Por lo tanto, aprender a preservar lo que vale la pena conservar, a la vez que se innova en nuevas maneras de hacer las cosas, es una de las lecciones más importantes de Acuario.

¿En qué temas de tu vida necesitas mayor inventiva y creatividad para lograr tus objetivos? ¿Qué acciones puedes desarrollar para ampliar tus redes de contacto para buscar nuevas oportunidades?

- Temas de vida: ....
- Acciones: ....

CUALIDAD ESOTÉRICA: COMPASIÓN

Acuario nos trae la cualidad de la compasión, que no se refiere a sentir lástima por los demás, sino a manifestar verdadero y sincero amor a todo nivel. Amar no implica tampoco ser ingenuo, permisivo o emocional – implica aprender a comprender, perdonar y liberar. El verdadero amor se expresa como la Máxima Buena Voluntad, la cual proviene del alma, del Yo Superior. La compasión es la virtud que hace del hombre un ser humano y le permite amar incondicionalmente.

Para trabajar la cualidad de este mes, elige alguna situación en la que puedes haberte sentido afectado por las actitudes de alguien cercano a ti. Analízala y define qué te podría dificultar actuar compasivamente ante esta persona. Luego, define las acciones a tomar que te ayudarán a perdonar la conducta de dicha persona y liberarte del conflicto.

- Evento: ....
- Temor: ....
- Acciones a tomar: ....

APRENDIZAJES PARA ACUARIO

Qué es lo que la energía de Acuario te pide aprender:

- Trabajar en equipo con los demás, en la vida personal y en la vida laboral.
- Encontrar las oportunidades para expresar liderazgo.
- Tomar consciencia que necesitas ser responsable por tu vida.
- Aceptar que no siempre estás en lo correcto.
- Diferenciar entre la capacidad altamente creativa y el comportamiento simplemente errático o irresponsable.
- Aceptar a las personas tal como son sin buscarles fallas.
- Reaccionar de manera adecuada cuando otras personas están en desacuerdo contigo o se oponen a tu decisión.

- Manejar la incomodidad que te causan las injusticias sociales y evitar tomar actitudes rebeldes.
- Compartir lo que tienes con los demás.
- Desarrollar actividades que ayuden a otros, dar servicio.

Revisa los aprendizajes enumerados arriba y evalúa cuántas de estas condiciones estás esforzándote por cumplir, y cuáles necesitas trabajar aún.

- En desarrollo: ....
- Necesito trabajar más: ....
- ¿Qué harás en los próximos días para acercarte más a las metas de aprendizaje?

RITUAL ZODIACAL PARA MEJORAR LA COMUNICACIÓN

Acuario trae la energía de las comunicaciones y la interrelación. Pon en práctica este ritual para que limpies el entorno de energías densas que dificultan la comunicación y mejores tu capacidad de comunicar.

LA CLARIDAD DE LA CAMPANA

Este es un ritual para la claridad de modo que puedas deshacerte de malentendidos, ayudando a que seas mejor comprendido(a) cuando tengas que relacionarte con los demás.

Necesitarás:

- 1 campana, de preferencia plateada
- 1 cinta larga, amarilla
- 1 trozo de papel

Escribe en el papel el nombre de la persona con quien tienes que comunicarte. Si no se trata sólo de una persona, puedes escribir por ejemplo «mi familia» o «mis compañeros de trabajo» para poder lograr mayor claridad con un grupo determinado de personas en tu vida.

Dobla el papel por la mitad, y luego nuevamente vuelve a doblarlo por la mitad. Dibuja una estrella de cinco puntas sobre el papel doblado. Ata la cinta amarilla alrededor del mango de la campana, dándole tantas vueltas como alcance su longitud.

Luego haz sonar la campana siete veces sobre el papel doblado. Espera unos minutos y luego hazla sonar nuevamente siete veces. Visualízate siendo escuchado(a) con claridad y ¡déjate sorprender por los resultados!

1. ¿Qué dificultades has encontrado en el desarrollo del ejercicio?
2. ¿Qué creencias pueden estar influyendo en estas dificultades?

3. ¿De qué manera puedes superar estas creencias?

PROCESO DE MEDITACIÓN PRÁCTICA PARA LA LIBERACIÓN PERSONAL

Cuando te estresas, caes en las emociones inferiores – cólera, miedo, depresión, confusión, culpa, etc. Si te reorientas y te equilibras con afirmaciones positivas, meditación y visualización, puedes «elevarte» y manejar mejor las situaciones diarias, permitiendo un libre flujo de energía que limpia tus circuitos internos.

Lograr mayor atención consciente es uno de los objetivos principales de la meditación – ser consciente de tus pensamientos y tu estado mental. De esta manera puedes deshacerte de patrones negativos que te afectan.

La preocupación surge cuando el análisis cesa de ser científico y te apegas mental y emocionalmente al posible resultado. Te vuelves impaciente e irracional, pues no puedes ver con anticipación qué es lo que efectivamente va a suceder. Por el contrario, si te das cuenta de que puedes sintonizarte con el universo, verás que todo tiene sus ciclos y ritmos, y que el proceso de evolución se desarrolla en dichos ciclos.

¿Qué puedes hacer? Al menos por un día, intenta no preocuparte por lo que piensas que está mal o va a salir mal. Aun cuando estés atravesando problemas, preocuparte no ayudará en la solución. Concéntrate en mantenerte positivo y agradecido, y abierto a nuevas posibilidades y oportunidades. Si te preocupas, no verás tu sendero con claridad. Los momentos difíciles son momentos en los que las pequeñas cosas pueden ser muy importantes y puedes estar pasándolas por alto cuando la emoción te embarga.

Todos traemos experiencias a la vida que nos enseñan lecciones significativas. Depende de ti decidir qué es lo que aprendes de tu actual experiencia. Si pasas tu precioso tiempo pensando sobre aquello que te genera malestar, gastarás tiempo que podrías utilizar para moverte hacia un mejor futuro.

La preocupación se basa en tus apegos hacia los resultados que deseas. Si no puedes tomarte al menos un día de vacaciones lejos de la preocupación, entonces siéntate confortablemente y repite las palabras «desarrollo serenidad» hasta que te permitas dejar de lado las preocupaciones e incrementar tu serenidad por al menos unos minutos. De esta manera, podrás ir liberándote de la preocupación. Te puede ayudar practicar la meditación y la respiración consciente.

- ¿Qué situaciones de tu vida te están generando excesiva preocupación? ¿Qué podrías cambiar de tus acciones hacia el futuro para evitar que se den tales situaciones?
- ¿Qué plan de acción puedes poner en práctica para desarrollar un programa personal que te permita entonar tu mente y resolver con serenidad tus retos actuales?
- ¿En qué áreas de tu vida puedes disminuir la preocupación? ¿Qué beneficios obtendrás de ello?
- ¿Qué ejercicios de meditación y respiración consciente puedes empezar a practicar y cuántas veces a la semana estás dispuesto a trabajarlos?

MEDITACIÓN: VIAJE ESTELAR

INTRODUCCIÓN:

Pon en práctica los pasos sugeridos en la introducción de meditación estelar en la sección de Aries para relajar cuerpo, emociones y mente, y luego procede según lo siguiente:

- Imagina que subes hacia los planos superiores y llegas hasta la constelación de Acuario. Toma nota de cualquier cosa, símbolo o imagen que veas en el camino.

- En la constelación encuentras un lago de aguas transparentes con una superficie calmada y serena. En sus orillas se encuentra un hombre con un cántaro recogiendo agua. Al verte, se acerca y te ofrece beber del agua pura.

1. Pregúntale de que apegos necesitarías liberarte. ¿Qué te responde?
2. Pregúntale qué acciones puedes tomar para dejar detrás los apegos que te restan libertad personal. ¿Qué te responde?
3. Pregúntale qué servicio puedes dar a otras personas a partir de tus cualidades únicas.
4. ¿Qué cualidades puedes recibir representadas en el agua de vida que te ofrece el Servidor, el Acuario?
5. ¿Qué otras preguntas le harías?
6. ¿Qué te responde?

Finalmente, agradécele por su apoyo y consejos, y regresa al lugar en la naturaleza de donde partiste a través del medio por el cual llegaste a la constelación. Toma tres respiraciones profundas y abre tus ojos con suavidad. Anota en tu cuaderno o tu diario espiritual todo aquello que hayas observado y toda la información que hayas recibido.

APRENDIZAJES KÁRMICOS DURANTE EL MES ZODIACAL DE ACUARIO

- Aprender a desarrollar desapego sin desconectarte de tus emociones.
- Involucrarte con lo que sucede en el mundo, más allá de tus preocupaciones personales inmediatas.
- Mirar el panorama desde una perspectiva más amplia, desarrollar un espíritu de comunidad y un sentido de conexión con el resto del planeta.
- Desarrollar un idealismo práctico, aprendiendo a ver las cosas como son, no como quisieras que fueran.
- Consolidar la independencia personal sin dejar de mantener el contacto con los demás.
- Desarrollar inventiva y creatividad, promoviendo nuevas formas de hacer las cosas.
- Utilizar la tecnología como una herramienta de apoyo para progresar en los estudios, el trabajo y la vida personal.

1. ¿Qué aprendizajes kármicos de Acuario son aplicables a tu vida?
2. ¿Algunos de estos aprendizajes te son particularmente difíciles de manejar? ¿Por qué?
3. ¿Con cuáles aprendizajes te identificas más?

CUESTIONARIO PERSONAL PARA MANIFESTAR LAS ENERGÍAS DE ACUARIO

- ¿Desarrollas trabajo en equipo, tanto en tu vida laboral como en la personal?
- ¿Tienes oportunidades para expresar liderazgo?
- ¿Tomas responsabilidad sobre tu vida y sobre el logro de tus objetivos?
- ¿Aceptas a las personas tal como son sin tratar de encontrar faltas en ellos o corregirlos?
- ¿Piensas que siempre estás en lo correcto y reacciones de manera rebelde cuando te enfrentas con oposición de parte de otros?
- ¿Eres enfocadamente creativo, con ideas visionarias, o eres simplemente errático y fantasioso?
- ¿Te molesta la injusticia social?
- ¿Compartes lo que tienes con otros y estás haciendo algo para ayudarlos?

PENSAMIENTOS SIMIENTE PARA MEDITACIONES CON LA ENERGÍA DE ACUARIO

Nota clave esotérica para las energías de Acuario: «Soy agua de vida vertida para los hombres sedientos».

Las afirmaciones pueden ser utilizadas como pensamientos simiente para meditaciones diarias, especialmente durante el mes zodiacal del signo. Puedes meditar con cada una de ellas un día a la vez, o tantos días por afirmación como encuentres conveniente.

1. Soy creativo e inteligente, con un toque de genialidad, interesado en generar conceptos e ideas.
2. Aun cuando tengo cierto toque rebelde, usaré esta característica para avanzar, ayudando a cambiar el mundo, en vez de incomodar a aquellos que me rodean.
3. Mis amigos son importantes para mí y me desenvuelvo bien en grupos de personas con mi forma de pensar.
4. Aprendo a responder a la oposición que encuentro con comprensión y equilibrio.
5. Busco la libertad de expresión para mí y los demás.
6. Estoy aprendiendo a abrirme hacia quienes amo para dejar que conozcan mis sentimientos profundos.
7. Poseo una profunda espiritualidad y amo la verdad y la Naturaleza, y busco promover el desarrollo de la conciencia grupal.

MEDITACIÓN ESOTÉRICA

(De «Sabiduría del Zodíaco» de Torkom Saraydarian)

- Siéntate confortablemente y cierra tus ojos.
- Pon una agradable sonrisa en tu rostro y enciende la llama de la alegría en tu corazón. Hazte alegre. Siente la alegría en tu corazón. La alegría es una sabiduría.

- Sé sensible a las energías acuarianas; luego mental y espiritualmente invoca los dos «ríos» de Vida y de Amor.

- Pronuncia la Gran Invocación:

Desde el punto de Luz dentro de la Mente de Dios,
Que afluya Luz a las mentes de los hombres.
Que la Luz descienda a la Tierra.

Desde el punto de Amor dentro del Corazón de Dios,
Que afluya Amor a los corazones de los hombres.
Que Cristo retorno a la Tierra.

Desde el centro donde la Voluntad de Dios es conocida,
Que el propósito guíe las pequeñas voluntades de los hombres –
El propósito que los Maestros conocen y sirven.

Desde el centro de lo que llamamos la raza de los hombres,
Que se realice el Plan de Amor y de Luz
Y selle la puerta en donde se halla el mal.

Que la Luz, el Amor y el Poder restablezcan el Plan en la Tierra.

- Pronuncia tres OMs.

- Durante cinco minutos, medita en lo siguiente:

«¿Cómo puedo hacer de mi vida un río de Luz que traiga Luz, y limpie y satisfaga las necesidades del mundo?».

- Durante cinco minutos más, medita en lo siguiente:

«¿Cómo puedo hacer que mi vida sea más abundante – un río de vida – de modo que traiga purificación, satisfaga también las necesidades de las personas y traiga nutrición a la vida?»

- Visualiza la energía de Vida, la energía del Amor y la energía de la Luz acercándose a tu consciencia y vertiéndose a través de tu cuerpo, limpiando tu mente, tu corazón, tu cuerpo, causando purificación en toda tu naturaleza – reforzándote, iluminándote y cargándote con Amor, Belleza y Alegría, y concediéndote libertad de tu mente subconsciente.

- Pronuncia:
  Que el Río de Vida,
  Que la Luz y la consciencia de Dios,
  Hagan mi vida más útil
  Para mis amigos,
  Para mi familia,
  Para mi grupo,
  Para mi nación,
  Para la humanidad.

- Pronuncia tres Oms.

- Siente gran Alegría. Olvida todo lo demás y sólo siente Alegría.

- Pronuncia:
  Condúcenos, Señor,
  De la oscuridad a la Luz,
  De lo irreal a lo Real,
  De la muerte a la Inmortalidad,
  Del caos a la Belleza.

CONCLUSIONES

1. ¿Cómo resumirías las energías de Acuario?
2. ¿Qué cualidades de Acuario consideras más importantes para el éxito en tu vida? ¿Por qué?

3. ¿Cuál es tu plan de acción para las siguientes semanas (e incluso meses) para alcanzar las cualidades de Acuario que consideras de utilidad para tu vida?

12

PISCIS:
SENSIBILIDAD Y ESPIRITUALIDAD

20 febrero – 20 marzo

RESUMEN DE CARACTERÍSTICAS

El mes de Piscis te trae la oportunidad para desarrollar las siguientes características:

Palabras clave: Sensibilidad, espiritualidad, receptividad, estados de ánimo cambiantes, condición amorosa, intuición, misticismo, inspiración, fe, idealismo, fantasía, imaginación.

- ¿Cuáles de estas características necesitas desarrollar para avanzar en tu proceso personal? ¿Por qué?

Cualidades a aprovechar: Humilde, compasivo, benévolo, sentimental; poco mundano, sensible; adaptable, impresionable, amable, intuitivo, receptivo.

Debilidades a trabajar: Impreciso, descuidado; reservado; confundido; poco hábil para afrontar los aspectos prácticos de su vida; indeciso.

Para que una debilidad desaparezca, lo conveniente es hacer crecer la cualidad contraria. Si «dejas morir» la debilidad y te dedicas a hacer crecer la cualidad contraria, el cambio será más sencillo. ¿Qué debilidad de Piscis encuentras en tus actitudes que te convendría eliminar? ¿Cuál es la cualidad contraria que puedes utilizar para este propósito?

- Debilidad: ....
- Cualidad a consolidar: ....

Elemento: Agua – símbolo de las emociones, la intuición y empatía.

Qué tomar de Piscis: Piscis es un signo mutable de agua. Sabe cómo desplazarse, fusionarse y cambiar, y ser altamente sensible y empático a las necesidades emocionales de los demás. Por lo tanto, aprender a mantener su sentido de identidad a la vez que ayuda a otros es una de las lecciones más importantes para Piscis.

¿En qué temas de tu vida necesitas desarrollar mayor sensibilidad conjuntamente con mejor manejo emocional para lograr tus objetivos? ¿Qué acciones puedes desarrollar para hacer que las buenas emociones sean una herramienta positiva para llegar a los demás?

- Temas de vida: ....
- Acciones: ....

CUALIDAD ESOTÉRICA: SERVICIO

Piscis viene a dar un servicio abnegado a la humanidad, sirviendo de apoyo emocional y consuelo para muchos. Es un signo de sacrificio y entrega, pero al manifestar esta cualidad, debes tomar en cuenta que también es indispensable que te acuerdes de tu propio bienestar, ya que, si no te encuentras bien, no puedes dar bienestar a quienes te rodean. El amor incondicional es un factor clave, y una de tus lecciones de vida es aprender a amarte a ti mismo(a). El uso fluido de tus emociones positivas, tu amabilidad y empatía, pueden convertirse en una gran herramienta para llegar a otros y enseñarles a manifestar su divinidad interior.

Para trabajar la cualidad de este mes, elige alguna situación en la que podrías haber manejado mejor tus reacciones emocionales. Analízala y define qué temor te podría haber dificultado actuar de manera más equilibrada y menos emocional. Luego, define las acciones a tomar que te ayudarán, en cualquier circunstancia, a dejar que la «ola emocional» pase antes de reaccionar.

- Evento: ....
- Temor: ....
- Acciones a tomar: ....

APRENDIZAJES PARA PISCIS

Qué es lo que la energía de Piscis te pide aprender:

- Cómo ser compasivo(a) sin excesivo sacrificio personal.
- Cómo vivir en este mundo manteniendo tu fe en un mundo mejor mientras tomas las acciones necesarias para crearlo.
- Cómo contactar con los planos superiores y con la energía de tu alma a través del trabajo dedicado, oración, fervor religioso o meditación.

- Cómo manejar tus enfoques y reacciones emocionales, adaptándote a la realidad, sin perder tu identidad.
- Cómo interactuar con otros para organizarlos en actividades y tareas filantrópicas.
- Cómo fusionar una naturaleza básicamente idealista y una tendencia a soñar despierto(a) con las necesidades y requisitos del mundo real.

Revisa los aprendizajes enumerados arriba y evalúa cuántas de estas condiciones estás esforzándote por cumplir, y cuáles necesitas trabajar aún.

- En desarrollo: ....
- Necesito trabajar más: ....
- ¿Qué harás en los próximos días para acercarte más a las metas de aprendizaje?

RITUAL ZODIACAL PARA DEJAR FLUIR

Muchas veces nos quedamos apegados a situaciones del pasado, dificultando que el flujo de las emociones siga su curso. Aquí hay algunos rituales para dejar fluir:

SUÉLTALO AL VIENTO

Dejar algo que vuele al viento es un ritual muy poderoso para dejar fluir. Tal vez es por ello que muchas personas desean que sus cenizas sean esparcidas por el viento luego de su muerte. Una forma de liberar algo usando esta técnica podría incluir soplar intencionalmente algunas semillas o algunas pompas de jabón, dejar caer una pluma o la hoja de un árbol desde un lugar elevado, o dejar que la arena fluya a través de tus dedos en un día ventoso en la playa. Ponle intención a tu acción, teniendo el convencimiento de que aquello que deseas soltar se va con las semillas, las pompas de jabón, la pluma, la hoja o la arena.

DEJA QUE FLOTE EN EL AGUA

Otra hermosa forma de dejar fluir es dejar que aquello que te genera conflicto se vaya flotando con las aguas. Hay varias formas de hacerlo, y tal vez una de las maneras favoritas es dejar que flores o linternas de papel floten a la deriva en un río o el mar y desaparezcan de la vista. Otra manera de trabajar este ritual incluye escribir tus pensamientos en un papel y confeccionar con él un barquito que flote a la deriva.

TRANSMÚTALO

Enciende una vela y visualiza la imagen de lo que quieres dejar ir dentro de la llama de la vela. Enciende el fuego con intención y consciencia. Visualiza cómo el fuego transmutador va disolviendo la imagen de lo que necesitas soltar. Y siente cómo dejas fluir la energía que es liberada por las llamas.

PRONUNCIA UNA BENDICIÓN

Antes de liberar una relación o cualquier otro tema que no hayas soltado aún, es muy poderoso pronunciar una bendición. Una que puedes utilizar dice: «Que estés lleno de amor bondadoso. Que estés bien. Que te sientas pacífico y en bienestar. Que seas feliz.» (Antigua bendición tibetana).

LIMPIA UN ESPACIO EN TU HOGAR

Dejar fluir algo físico puede ser muy útil para dejar fluir algo más intangible. Para ello, puedes efectuar una limpieza de ambientes en tu hogar. Puede tratarse de la limpieza de un estante, el marco de una ventana, un cajón, un armario de ropa, o una habitación completa. Revisa todas tus pertenencias y decide si te sirven o no. Recicla, dona o regala aquello que ya no vas a usar. El nuevo espacio que has creado con la limpieza simboliza el trabajo más profundo de dejar fluir que deja lugar para lo nuevo.

1. ¿Qué opción de las anteriormente mencionadas has elegido para dejar fluir? ¿Qué te atrajo más de esta opción y por qué?
2. ¿Qué dificultades has encontrado en el desarrollo del ejercicio?
3. ¿Qué creencias pueden estar influyendo en estas dificultades?
4. ¿De qué manera puedes superar estas creencias?

RITUALES ZODIACALES PARA LA SENSIBILIZACIÓN

La sensibilidad es una cualidad trascendental para poder vivir en armonía como un grupo humano, pero debido a la gran cantidad de sufrimiento que hoy en día se nos muestra, la subconsciencia se insensibiliza ante las necesidades de los demás.

Recuerda que tu mente subconsciente responde a las imágenes y sentimientos causados por las experiencias y las creencias con relación a tales experiencias. Los contenidos de la subconsciencia son también la fuente de las respuestas automáticas.

Es muy importante que recuerdes que tu mente subconsciente responde a las películas y videos, así como a las escenas que ves en la realidad, de una manera similar. Ella considera tus reacciones y se programa para repetir las experiencias placenteras o protegerte de cualquier experiencia desagradable.

Por esta razón, es importante que tengas consciencia de las imágenes que estás enviando a tu mente subconsciente a través de la televisión o las películas que ves. En el mejor de los casos, estas imágenes pueden causar confusión a menos que estés consciente de lo que estás haciendo y lo comuniques a tu mente subconsciente a través de la siguiente meditación, la cual ha sido practicada durante miles de años, y a pesar de su simplicidad, ha sido utilizada eficientemente para contrarrestar los efectos de la vida diaria sobre nuestra naturaleza sensible.

Siéntate confortablemente en algún lugar en donde no serás interrumpido(a). Toma tres respiraciones profundas y cuando exhales, pronuncia la palabra OM de modo que utilices todo tu aliento para liberar el sonido. OM es el sonido ancestral y sagrado del Hinduismo, Budismo y Jainismo. Al utilizarlo, te lleva más allá de las palabras, de las formas y del alcance de cualquier cosa que te distraiga del convencimiento de que todos somos uno.

Al pronunciar el primer OM, piensa que estás eliminando cualquier energía densa que te dificulta contactar con tu sensibilidad corporal. Con el segundo OM, limpia cualquier rezago de energía que bloquea tu sensibilidad emocional. Y con el tercer OM, finaliza la limpieza visualizando que cualquier pensamiento denso se elimina y tu mente queda abierta a la capacidad de ser sensible a las ideas y pensamientos superiores.

Entonar OM mientras respiras, enfocándote en nada más que el sonido y en el proceso de depuración de cada uno de tus cuerpos te ayudará a limpiar tu naturaleza sensible. Practica este sencillo ejercicio con periodicidad y verás los resultados.

1. ¿Qué situaciones de tu vida están provocando que bloquees tu capacidad de percibir? ¿Qué

podrías cambiar de tus acciones hacia el futuro para evitar caer en la insensibilidad?

2. ¿Qué plan de acción puedes poner en práctica para afrontar de la manera más equilibrada posible tus retos personales, sin dejar de reconocer las emociones que sientes?
3. ¿En qué áreas de tu vida puedes hacer un mayor uso de tu sensibilidad para lograr una mejor interacción con quienes te rodean? ¿Qué beneficios obtendrás de ello?
4. ¿Qué ejercicios de meditación y respiración consciente puedes empezar a practicar para incrementar tu serenidad interior y cuántas veces a la semana estás dispuesto(a) a trabajarlos?

MEDITACIÓN: VIAJE ESTELAR

INTRODUCCIÓN:

Pon en práctica los pasos sugeridos en la introducción de meditación estelar en la sección de Aries para relajar cuerpo, emociones y mente, y luego procede según lo siguiente:

- Visualízate en un lugar natural cercano a algún cuerpo de agua – puede ser a la orilla del mar, o en el bosque junto a un lago sereno. Puedes recordar algún lugar que conozcas, o puedes generarlo con tu imaginación. Lo importante es que te sientas en paz visualizándote allí.

- Ingresa al mar o al lago y disfruta de la sensación que te brinda bañarte en el agua. Puedes nadar o bucear por unos momentos, y luego sumérgete hasta encontrar una puerta en el fondo del mar o del lago.
- Abre la puerta y atraviésala, ingresando a una habitación a media luz. En una de sus paredes hay una ventana. Te acercas a ella y descubres que por allí puedes ver el cielo nocturno. Las estrellas brillan, y te das cuenta de que dichas estrellas forman la constelación de Piscis.
- Una luz proveniente de la constelación desciende y te ilumina, y asciendes por ella hacia la constelación. Al llegar, encuentras a un anciano de larga barba, quien porta un tridente, el símbolo de los mares.
- Al verte llegar, se aproxima a ti y te ofrece un par de sandalias que te calzas y encuentras muy cómodas.

1. Pregúntale qué cualidades ve en ti que podrías poner al servicio de quienes te rodean. ¿Qué te responde?
2. Pregúntale qué acciones puedes tomar para convertirte en una persona de servicio para tu comunidad. ¿Qué te responde?

3. Pregúntale cómo puedes contactarte mejor con tus planos espirituales.
4. ¿Qué plan de acción puedes poner en práctica para desarrollar tu espiritualidad y estar más cercano(a) a tu alma?
5. ¿Qué otras preguntas le harías?
6. ¿Qué te responde?

Finalmente, agradécele por su apoyo y consejos. Regresa a la habitación y luego al mar o al lago de donde partiste y mientras atraviesas las aguas, disfruta de la sensación de limpieza que te brindan. Toma tres respiraciones profundas y abre tus ojos con suavidad. Anota en tu cuaderno todo aquello que hayas observado y toda la información que hayas recibido.

APRENDIZAJES KÁRMICOS DURANTE EL MES ZODIACAL DE PISCIS

- Desarrollarte espiritualmente promoviendo el florecimiento del amor, la comprensión y la compasión.
- Desarrollar empatía y compartir con otros tus experiencias, dificultades y alegrías.
- Aprender a vivir en el mundo de la sensación y a desarrollar sensibilidad.
- Aprender a perdonar, hacer concesiones, escuchar, dar y sanar.

- Ayudar y sanar a otros sin querer convertirse en mártir, ya que ello te impediría desarrollar un buen trabajo.
- Construir tu auto-confianza, auto-identidad y auto-responsabilidad.
- Desarrollar un juicio claro y un adecuado discernimiento para definir quién necesita ayuda y quién está tratando de aprovecharse.

1. ¿Qué aprendizajes kármicos de Piscis son aplicables a tu vida?
2. ¿Algunos de estos aprendizajes te son particularmente difíciles de manejar? ¿Por qué?
3. ¿Con cuáles aprendizajes te identificas más?

CUESTIONARIO PERSONAL PARA MANIFESTAR LAS ENERGÍAS DE PISCIS

- ¿Desarrollas actividades espirituales regulares, tales como la oración o la meditación?
- ¿Estás en control de tus emociones?
- ¿Eres sensible y empático(a)?
- ¿Tienes un trabajo o un estilo de vida que no esté demasiado estructurado o regimentado?
- ¿Eres amable y compasivo(a) contigo mismo(a) así como con los demás?

- ¿Tomas las necesarias precauciones para protegerte si las personas tratan de tomar ventaja de ti?
- ¿Tienes habilidades psíquicas?
- ¿Pasas tiempo cerca del agua o en ella?
- ¿Buscas soluciones espirituales para los problemas de la vida?

PENSAMIENTOS SIMIENTE PARA MEDITACIONES CON LA ENERGÍA DE PISCIS

Nota clave esotérica para las energías de Piscis: «Abandono el hogar de mi Padre, y retornando, salvo».

Las afirmaciones pueden ser utilizadas como pensamientos simiente para meditaciones diarias, especialmente durante el mes zodiacal del signo. Puedes meditar con cada una de ellas un día a la vez, o tantos días por afirmación como encuentres conveniente.

1. Estoy aquí para alinearme con la naturaleza divina que está presente en todo tipo de vida.
2. Comprendo el verdadero sentido del sacrificio abnegado en favor de la humanidad.
3. Mi satisfacción no viene a través del dinero o las posesiones materiales sino a través de encontrar

mi verdadero destino de amor, comprensión y servicio.

4. Desarrollo mis capacidades psíquicas de manera consciente para percibir aquello que es invisible a los ojos.
5. Desarrollo mis capacidades sanadoras, canalizando mi amor para todos los seres vivientes con el fin de traer armonía, paz y fortaleza para los demás y satisfacción para mí mismo(a).
6. Mi elemento es el agua y como mis símbolos, los peces, me deslizo a través de la vida, adaptándome a lo profundo y lo superficial.
7. Estoy aquí para traer luz a la oscuridad y manifestar el amor.

MEDITACIÓN ESOTÉRICA

(De «Sabiduría del Zodíaco» de Torkom Saraydarian)

- Ponte cómodo(a), cierra tus ojos y relájate.
- Piensa primero en el océano, luego en el espacio, y en todo el infinito, en el centro del cual está el Centro de Dios, el creador, la fuerza, la energía.
- Dirige tu mente a esa fuente y a esa infinitud.
- Pronuncia la Gran Invocación:

Desde el punto de Luz dentro de la Mente de Dios,
Que afluya Luz a las mentes de los hombres.
Que la Luz descienda a la Tierra.

Desde el punto de Amor dentro del Corazón de Dios,
Que afluya Amor a los corazones de los hombres.
Que Cristo retorno a la Tierra.

Desde el centro donde la Voluntad de Dios es conocida,
Que el propósito guíe las pequeñas voluntades de los hombres –
El propósito que los Maestros conocen y sirven.

Desde el centro de lo que llamamos la raza de los hombres,
Que se realice el Plan de Amor y de Luz
Y selle la puerta en donde se halla el mal.

Que la Luz, el Amor y el Poder restablezcan el Plan en la Tierra.

- Pronuncia tres OMs.

- Ahora piensa: ¿Qué tan cerca estoy de la Divinidad y de mi Divinidad interior, que es un reflejo de los Supremo? ¿Qué tan lejos? ¿Qué resultados puedo tener si me acerco a mi Divinidad interior? ¿Qué necesito para acercarme?

- Pon tu mente en acción y haz tres resoluciones o decisiones que puedes llevar a cabo en los siguientes meses y años.

- ¿Cuál es la primera resolución? ¿Cómo te puede acercar a la Divinidad, o a tu Alma?
- Piensa en la segunda resolución.
- Piensa en la tercera resolución.

- Pronuncia:

  Más radiante que el sol,
  Más puro que la nieve,
  Más sutil que el éter
  Es el Yo,
  El espíritu en mi corazón.
  Yo soy ese Yo.
  Ese Yo soy yo.

- Pronuncia tres Oms.

CONCLUSIONES

1. ¿Cómo resumirías las energías de Piscis?
2. ¿Cuáles cualidades de Piscis consideras más importantes para el éxito en tu vida? ¿Por qué?
3. ¿Cuál es tu plan de acción para las siguientes semanas (e incluso meses) para alcanzar las cualidades de Piscis que consideras de utilidad para tu vida?

COMENTARIOS FINALES

Las energías zodiacales están presentes a lo largo de todo el año, dándole a cada mes zodiacal un color particular. Por ello, en cada período tenemos la oportunidad de asimilar las cualidades de la constelación por la que transitamos, y aprender a evitar las debilidades que representa. Recordemos que todo tiene nivel superior y nivel inferior, por lo que la manera en que atravesemos cada período zodiacal dependerá de la dirección que tome nuestra consciencia: podemos aprovechar las cualidades o sufrir las debilidades.

Por otro lado, podríamos vivir totalmente ajenos a las vibraciones constelacionales y continuar con nuestra vida mundana, pero podemos extender nuestra atención más allá de nuestro pequeño espacio y conectarnos con las energías vibracionales del Zodíaco para aprovecharlas de la mejor manera posible.

Esperamos que la información brindada en este compendio te resulte de utilidad y guía para potenciar tu desarrollo personal e integral, te permita trabajar exitosamente con la Magia de las Energías constelacionales, y te ayude a consolidar el abanico de virtudes que te ofrece el Zodíaco transformador para avanzar en tu evolución hacia tu sabiduría interior.

¡Muchas bendiciones de Luz para ti!

SOBRE LA AUTORA

Margarita Lay Alzamora nació en Lima, Perú. Es asesora, mentora y coach de vida en temas de relaciones, trabajo, empresa y familia, con más de 20 años de experiencia profesional. Es facilitadora en Psicoterapia Transpersonal con especialización en Psicoterapia Gestalt y conducción de grupos, Licenciada en Contabilidad, y egresada del Programa de Desarrollo Directivo de la Universidad de Piura (Lima, Perú).

Margarita es graduada del programa de cinco años ofrecido por la TSG University de Arizona, Estados Unidos, con el grado de Maestría en las Enseñanzas de la Sabiduría Arcana (Master in Arts in the Ageless Wisdom Teachings).

Es miembro de la Asociación de Psicología Transpersonal (Association for Transpersonal Psychology) de Palo Alto, California.

Actualmente es coordinadora del Grupo de Trabajo y Traducciones al español de TSG Foundation y supervisora del grupo traductor, así como colaboradora de Editorial Dagón (España) para la traducción al español y edición de textos de diversos autores

Cuenta además con más de 20 años de experiencia en el entorno empresarial y laboral, habiendo ocupado Gerencias de Administración y Finanzas de empresas internacionales que operan en Perú.

Es autora de diversos libros de temas de autoayuda, psicología aplicada y espiritualidad. Se desempeña actualmente como directora del Centro Nina Pukio, conduce sesiones individuales de asesoría espiritual, coaching y mentoría de vida, así como charlas y talleres referidos a enfoques de psicología esotérica, desarrollo personal y temas alternativos y espirituales para dicho Centro.

SERVICIOS PERSONALIZADOS DEL CENTRO NINA PUKIO

Colaborando con el desarrollo y crecimiento personal de sus clientes, el Centro Nina Pukio ofrece sesiones individuales, presenciales y en línea, entre las que se puede mencionar:

Meditación Sanadora y Asesoría de Vida: Indicada para superar retos de vida; alcanzar mayores niveles de armonía y equilibrio interior; superar bloqueos emocionales, condicionamientos inconscientes y creencias limitantes de la personalidad; auto-conocimiento para descubrir capacidades y encontrar el sendero personal de vida.

Clases individuales de Meditación y Técnicas de Relajación: Aprendiendo a manejar las cualidades creativas de la mente, se puede desarrollar mayor atención consciente y un mejor manejo de las propias circunstancias. Se desarrollan también técnicas de meditación sanadora y de visualización creativa para el logro de objetivos.

Asesoría y Coaching en Capacidades para Línea de Carrera, Emprendimientos y Manejo Empresarial con Técnicas Alternativas: Gracias a nuestra amplia experiencia en el sector empresarial y profesional, ofrecemos asesoría orientada al manejo de negocos personales, desarrollo profesional y laboral, y política empresarial, complementada con técnicas alternativas que potencian los resultados deseados.

Consejería a través de los arquetipos del Tarot: Mediante una lectura de los Arcanos del Tarot se analizan cuáles son las tendencias y energías para situaciones específicas con el fin de tomar las mejores decisiones en todo tipo de situaciones personales, familiares, comerciales, profesionales y de sendero de vida. El enfoque NO es adivinatorio sino de asesoría y consejería.

Auto-conocimiento mediante Consejería astrológica: Ofrecemos servicios de:

1) análisis y comentarios de los puntos más resaltantes de la carta natal (energías de nacimiento) tales como: habilidades y capacidades, retos, necesidades de desarrollo y consideraciones especiales;

2) revisión de las energías del año personal, con comentarios de los puntos más resaltantes de la revolución solar (energías del año): áreas de oportunidades, posibles retos, temas a trabajar en el año;

3) estudio de compatibilidades y áreas de conflicto entre dos personas, aplicable a parejas, padres-hijos, socios, amigos. El enfoque NO es adivinatorio sino de asesoría y consejería.

Cursos y talleres en línea: ofrecemos una amplia gama de actividades en línea sobre diversos temas de espiritualidad, psicología esotérica, esoterismo, desarrollo personal ¡y mucho más!

Síguenos en nuestras redes:
Instagram: @ninapukio
Facebook: https://www.facebook.com/CentroNinaPukio

Para información y contacto, escribe a:
centroninapukio@gmail.com

EDITORIAL
DAGÓN